KB067739

부자의 마지막 가르침

KIMINO OKANE WA DARENO TAME by Manabu Tauchi

Copyright © 2023 Manabu Tauchi
All rights reserved.
Original Japanese edition published by TOYO KEIZAI INC.

Korean translation copyright © 2024 by THEBOOKMAN
This Korean edition published by arrangement with TOYO KEIZAI INC.,
Tokyo, through BC Agency, Seoul.

이 책의 한국어 판 저작권은 BC에이전시를 통해
저작권자와 독점계약을 맺은 책읽어주는남자에 있습니다.
저작권법에 의해 한국 내에서 보호를 받는 저작물이므로
무단전재와 복제를 금합니다.

부자의 마지막 가르침

다우치 마나부 지음
김슬기 옮김

삶의
자유를 위한
부의
알고리즘

북모먼트

차례

2 돈에 대한 두 번째 수수께끼

돈으로 해결할 수 있는 문제는 없다 71

3 돈에 대한 세 번째 수수께끼

다 함께 돈을 모아도 의미가 없다 113

4 격차에 대한 수수께끼

퇴치할 악당은 존재하지 않는다 155

5 사회의 수수께끼

미래에는 증여밖에 할 수 없다 193

6 마지막 수수께끼

우리는 혼자가 아니다 227

일러두기

◦ 본문의 각주는 옮긴이 주입니다.
◦ 국립국어원의 표기 규정 및 외래어표기법을 따랐으나 일반적으로 통용되는
  외래어는 관용에 따라 표기했습니다.

사회도 사랑도 모르는 아이들

"그래 봤자 10킬로그램짜리 종잇조각이야."

그 남자는 산처럼 쌓아 올린 1억 엔어치 지폐 뭉치를 툭 치며 말했다.

중학교 2학년생인 사쿠마 유토는 자신의 손바닥에 땀이 차오르는 걸 느꼈다. 너무 비현실적인 광경이라 영화나 인터넷 영상을 보는 듯했다. 하지만 그것은 분명히 눈앞에 존재했다. 손을 뻗으면 닿을 현실이었다.

가진 자는 교활하다. 그래서 나도 돈을 벌고 싶다. 그게 유토의 솔직한 심정이었다. 이 남자가 돈 버는 법을 가르쳐 줄 거라 생각했다. 하지만 그는 '돈의 정체'라는 영문을 알 수 없는 이야기를 하기 시작했다. 기묘한 일에 말려들었다고 생각했지만 목적지를 알 수 없는 급행열차에 올라탄 것처럼 흥분됐다.

　유토의 운명을 움직인 것은 어떤 의미에서 돈에 대한 집착이었다고 할 수 있다. 그 한마디를 내뱉지 않았다면 교실을 20분 일찍 나갔을 것이다. 그럼 이 방에서 산처럼 쌓인 지폐 뭉치를 볼 일도 없었고, 지금쯤 집에서 방바닥을 뒹굴며 읽다 만 추리소설을 마저 읽었을 것이다.

　그리고 그녀의 인생과 엮일 일도 없었을 것이다.

　이야기는 한 시간 전으로 거슬러 올라간다.

　방과 후 둘만 남은 교실에서 유토는 담임선생님과 마주 앉아 있었다.

　유토가 다니는 중학교는 11월이 되면 2학년생을 대상으로 개별 진로 지도가 시작된다. 지망하는 고등학교는 이미 정했으니 면담은 5분도 안 걸릴 거라 생각했다.

　그런데 장래의 직업에 대한 이야기가 시작되자 멍청한 소리를 내뱉은 것이다.

　"돈을 많이 버는 일을 하고 싶어요."

　담임으로서 사명감에 불이 붙은 것인지 아니면 기분이 언짢은 것인지, 이후로 담임선생님의 긴 설교가 시작됐다.

　"돈보다 중요한 게 있지 않겠니?"라든가 "사회를 위해 무슨 일을 할 수 있을지 한번 잘 생각해 봐" 같은 말들을 유토는 이해하지 못했다. 사회를 위해 일하는 게 중요하다는 것은 알고 있다. 하지만 결국 돈을 위해 일하는 게 아닐까? 선생님도 마찬가지일 것이다.

속내를 숨기고 허울 좋은 말만 늘어놓는 어른을 유토는 제일 싫어했다.

그런 사람들에게는 열심히 반론해 봤자 시간 낭비밖에 되지 않는다. '정말 귀찮게 구네' 하고 마음속으로 몇 번이고 중얼거리며 꾹 참았다. 그것은 유토의 말버릇이기도 했다. 기분을 가라앉히기에는 편리한 말이다.

그러나 지루한 설교에서 해방될 때까지 족히 20분 이상이 걸렸다.

교실에서 나오자 복도 창 너머에서 불길한 먹구름이 다가오는 게 보였다. 우산을 안 가져온 걸 후회하면서 유토는 계단을 두 칸씩 내려갔다.

그녀와 만난 것은 그 저택에 다다랐을 때였다.

모두에게 '그 저택'이라고 불리는 이곳은 체육관만 한 불가사의한 저택이다. 높은 담장에 둘러싸여 있어 안쪽의 모습은 전혀 볼 수 없고 서양식 지붕 일부만이 간신히 보인다.

저택에 연금술사가 산다는 말 같지도 않은 소문도 돌았다.

"저기, 잠깐 뭐 좀 물어 봐도 될까?"

누군가가 유토를 갑자기 불러 세워서 뒤를 돌아봤다. 회색 바지 정장을 입은 날씬한 여성이 어깨 길이의 갈색 머리카락을 쓸어 올리고 있었다.

"이 저택 입구, 혹시 어딘지 아니?"

유토는 순간 '저택이 넓긴 하지만 그냥 한 바퀴 돌아보면 되잖아'라고 생각했다. 하지만 걸음이 불편해 보이는 그녀의 뒤꿈치가 구두 뒤축에 쓸려서 새빨개진 게 보였다.

먹구름이 이미 하늘을 뒤덮었지만 곤란한 상황에 놓인 사람을 그냥 지나칠 순 없었다.

"음, 아마도 이쪽일 거예요."

곧바로 그녀보다 반 발자국 앞서 걸으며 느낌이 가는 쪽으로 안내한다. 유토는 저택에 대해 궁금한 점들을 그녀에게 농담처럼 물어보았다.

"여기 말이에요, 연금술사가 산다는 소문이 있어요."

"와, 역시 유명한 곳이구나."

생각지도 못한 말에 유토는 뒤를 돌아봤다. 그러나 그

녀는 얼굴색 하나 바뀌지 않았다. 장난을 치는 것 같진 않았다.

두 사람이 입구처럼 보이는 검은 금속제 문 앞에 서자 그녀가 옆에 있는 인터폰을 눌렀다. 잠시 후 검은 문이 소리를 내며 열렸다.

위풍당당하게 서 있는 새하얀 서양식 건물이 모습을 드러냈다. 풍격 있는 모습에서 오랜 세월의 흐름을 느낄 수 있었다. 담장 안쪽 세계가 처음으로 눈앞에 펼쳐지자 유토는 안절부절못했다.

흥미를 느끼면 유토는 별것 아닌 것도 고개를 빼고 들여다보는 나쁜 습관이 있다. 어릴 적에 수영도 못 하면서 형을 따라서 수영장에 뛰어든 적이 있다. 심지어 두 번이나.

연금술이라니 수상하긴 하지만 이곳에서 무슨 일이 일어나고 있는지 궁금해서 참을 수 없었다.

그 순간 양동이를 뒤집어엎은 것처럼 갑자기 비가 쏟아졌다. 주변의 경치가 단번에 바뀌었다. 아스팔트에 부딪히는 물보라 때문에 도로 위는 금세 하얘졌다.

"빨리! 이쪽으로!"

그렇게 소리치더니 그녀는 뛰기 시작했다. 유토는 망

설임 없이 그녀의 뒤를 쫓았다.

그녀의 뒤를 이어 유토도 서양식 건물 안으로 미끄러지듯 들어갔다. 세차게 쏟아지는 빗물이 들이치지 못하게 재빨리 커다란 문을 닫았다. 문이 닫히자마자 격한 빗소리가 아득해졌다.

건물 안에는 이질적인 공기와 시간이 흐르고 있었다.

천장이 높은 현관 홀에는 진홍색 카펫이 깔려 있었고 좌우로 뻗은 복도까지 쭉 이어져 있었다. 벽에는 값비싸 보이는 그림이 여러 점 걸려 있었다. 외관뿐만 아니라 내부 인테리어도 유토가 추리소설을 읽으며 마음속에 그렸던 부자의 저택 그 자체였다. 세차게 내리는 비와 대부호가 사는 서양식 건물, 그리고 연금술. 무언가 사건이라도 일어날 것만 같다.

정장 바지를 입은 여자는 가방에서 꺼낸 손수건으로 젖은 머리카락을 닦았다.

유토의 망상이 펼쳐진다. 어쩌면 그녀는 사건을 조사하려고 왔을지도 모른다. 지적이고 기가 세 보이는 옆얼굴이 자신의 정의를 관철하는 변호사나 검찰관을 떠올리게 했다.

유토는 곧장 물어봤다.

"연금술이 뭐예요?"

그녀는 순간 의아한 표정을 지었지만 이내 알아채고 부정했다.

"아, 아는 게 아니었구나. 금을 아주 쉽게 불려서 연금술이라고 부르는 거야. 이곳의 보스가 투자로 막대한 부를 쌓았거든."

보스. 그 호칭을 듣자 마피아의 두목 같은 인물이 떠올랐다. 새로운 질문을 던지려고 하는 순간 두 사람 앞에 젊은 남자가 나타났다.

"구노 씨 맞으시죠? 기다리고 있었습니다. 갑자기 비가 쏟아졌는데 괜찮으셨나요?"

구노라고 불린 그녀가 야무진 눈으로 남자를 바라봤다.

"저는 괜찮아요. 그보다 비가 그칠 때까지 이 분도 같이 기다려도 될까요? 여기까지 길을 안내해 주셨거든요."

"물론이죠."

남자가 대답하며 유토에게 미소를 지어 보였다. 적어도 마피아와 한 패는 아닌 듯했다.

두 사람은 왼쪽 통로 안쪽으로 안내받았다.

"여기서 보스가 기다리고 계십니다."

남자가 멈춰선 문은 다른 문에 비해 유달리 컸다. 세 번 노크하고 나서 그는 문을 열었다.

방 안에 있던 남자가 의자에서 일어났다. 방 안에 그를 제외하고 아무도 없으니 틀림없이 그가 보스다. 하지만 의자에서 일어난 남자는 유토가 상상한 보스의 이미지와는 동떨어져 있었다.

작은 동물 같은 초로初老의 남자.

그게 첫인상이었다. 중학생이 되어 키가 자라긴 했지만 유토 자신보다 키가 작은 어른을 본 것은 처음이었다. 백발이 섞인 머리에 조금 넓은 이마. 무엇보다 그가 강한 인상을 남긴 이유는 부담스럽지 않은 미소 때문이었다. 고급스러워 보이는 갈색 정장이 작은 체구에 잘 맞았다.

"오, 구노 나나미 씨구만. 잘 왔어요. 이렇게 비가 내리는데 고생 많았겠어."

그렇게 말하며 보스의 시선이 나나미에서 유토 쪽으로 옮겨갔다. 안내해 준 남자가 갑자기 생각난 듯 유토를 소개했다.

"이 분이 구노 씨에게 길을 안내해 주셨다고 해요. 비가 그칠 때까지 위층 방에서 잠시 기다리시면 어떨까 합니다. 아, 성함이……?"

"아, 사쿠마라고 합니다."

긴장해서 굳어 있는 유토에게 보스가 미소를 지어 보였다.

"비가 그칠 때까지 편히 있다 가요. 아사쿠마 군."

"아뇨, 사쿠마입니다. 사쿠마 유토."

분명하게 발음하며 바로잡자 보스는 "사쿠마……로군" 하고 중얼거리며 무언가를 떠올리는 듯한 표정을 지었다.

"어디서 뵌 적 있던가요?"

유토가 의아해하며 묻자 보스는 당황하며 "아니, 아니" 하고 부정하며 이런 제안을 했다.

"유토 군이었구만. 모처럼 왔으니 자네도 이 방에서 이야기를 들어 보지 않을 텐가?"

빙긋이 웃는 보스는 어쩐지 무서워 보이긴 했지만 유토의 마음속에서 주체할 수 없는 호기심이 차올랐다.

"저도 들어도 괜찮을까요?"

들뜬 목소리로 유토가 대답한다.

"그럼, 물론이지. 미래를 짊어질 젊은이는 언제든 대환영이야."

보스의 입가에 미소가 번졌다.

유토는 널찍한 방에 발을 들였다. 보스 앞에는 커다란

타원 테이블과 당구대가 있고 높은 천장에 매달린 샹들리에는 미세하게 흔들리고 있었다. 커다란 창 너머로는 격하게 쏟아지는 빗줄기만이 비친다.

등 뒤로 문이 닫히자 바깥 세계와 동떨어진 공간에 세 사람이 남았다. 유토와 회색 정장을 입은 여자가 보스와 마주 보듯 앉는다.

그녀가 먼저 입을 열었다.

"다시 인사드릴게요. 구노 나나미입니다. 메일로는 인사드렸습니다만 직접 만나 뵙게 되어 영광입니다."

"나나미七海 씨 이름은 일곱 개의 바다라고 쓰던가? 전 세계의 바다라는 의미겠지. 스케일이 큰 이름이라 좋구만. 자네의 상사 필립을 통해 이름은 많이 들었어. '나나미 이즈 그레이트'라고 늘 칭찬한다네."

보스는 양손을 펼쳐 과장된 제스처를 취했다. 처음 만난 유토와 나나미를 성이 아닌 이름으로 친근하게 부르는 이 초로의 남성은 분명 해외에서 오래 생활했을 거라고 유토는 이해하기로 했다.

나나미는 미국 투자 은행의 도쿄 지점에서 일하고 있고 외환이나 일본 국채를 거래하며 큰돈을 다룬다고 했다. 변호사도 검찰관도 아니었지만 유토의 예상이 크게 벗어난 것도 아닐 것이다. 기가 세 보이는 그녀의 화법만 봐도 주위 사람을 강하게 설복시켜 일을 처리하는 모습을 쉽게 상상할 수 있었다.

등줄기를 곧게 펴고 앉은 나나미가 시원시원한 어조로 말했다.

"상사가 여기서 공부하라고 하셨어요. 투자로 돈 버는 법을 꼭 배우고 싶습니다."

그녀는 신칸센과 지하철을 환승해 2시간 이상 걸려 이곳에 왔다고 한다. 강인한 의지가 유토에게도 전해졌다. 그런데 보스는 그런 그녀의 기대감 따위에 아랑곳없이 웃으며 고개를 저었다.

"아쉽지만 돈 버는 법에 대한 얘기는 일절 안 할 거야."

"아니……."

나나미는 노골적으로 얼굴을 찡그린다. '그거 때문에 여기까지 왔는데……'라고 말하려는 듯한 표정이다.

"내가 하려는 건 돈 자체에 대한 얘기야."

그렇게 말하고는 발치에 놓여 있던 묵직한 종이봉투를 무릎 위에 올리고 내용물을 테이블에 쌓기 시작했다.

유토는 눈을 크게 떴다.

"이거…… 진짜인가요?"

그것은 틀림없이 백만 엔짜리 지폐 뭉치였다. 지폐 뭉치가 계속해서 쌓여 갔다. 20개, 30개까지는 엄청나다고 감탄했지만 50개가 넘어가자 감탄이 서서히 공포로 변해 갔다.

　보스가 마지막 한 뭉치를 산꼭대기에 올렸다.

　"이렇게 해서 총 1억이야. 이 돈이면 이 저택을 지을 수는 없겠지만 이 주변에서 그럭저럭 훌륭한 저택은 지을 수 있을 거야. 이렇게 큰돈을 보면 다들 심장 박동 수가 올라가지."

　그의 말대로였다. 유토는 심장 박동이 빨라지는 걸 느끼고 있었다. 눈앞의 광경에 놀라 아무 말도 하지 못한 채 그저 바라볼 수밖에 없었다.

　"그런데 말야, 그래 봤자 10킬로그램짜리 종잇조각이야."

　1억 엔을 태연하게 다루는 보스의 분위기에 완전히 압도될 것만 같았다. 하지만 이어지는 그의 말에 실망했다.

　"이런 거에 가치가 있을 리 없지. 더 중요한 게 있다고. 자네들 같은 애들은 사회도 사랑도 모를 거야."

　보스의 말이 조금 전 담임선생님의 말과 겹친다. 이 사람도 분명 허울 좋은 말만 늘어놓는 사람이겠지. 게다가 거들먹거리는 태도도 역겨웠다.

중학생인 유토는 그렇다 쳐도 어엿한 사회인인 나나미를 어린아이 취급한다는 점에서 보스라는 인간의 오만함을 느꼈다.

그런 생각을 얼굴에 드러내지 않고 유토는 보스에게 물었다.

"도덕에 대해 말씀하시는 거죠?"

하지만 보스는 예상을 벗어난 반응을 보였다.

"와하하하하."

호쾌한 웃음소리가 방 벽에 메아리쳤다.

"도덕 이야기 따위를 누가 해. 나를 누구라고 생각하는 거야. 나는 돈 얘기밖에 안 하는 사람이라고."

그는 지폐 뭉치 더미를 툭 치더니 미소를 지은 채 계속해서 말했다.

"많은 사람이 돈을 위해 일하고 돈에 감사하지. 연봉이 높으면 멋지다고 생각하고 저금을 많이 하면 행복을 느껴. 내 삶을 떠받치는 게 돈이라고 착각하고 어느새 돈의 노예가 되어 버리는 거야."

돈의 도예.

불과 한 시간 전 "돈을 많이 벌 수 있는 일을 하고 싶어요"라고 말했던 유토의 가슴에 그 대사가 묵직하게 울렸다.

"돈의 노예가 되지 않기 위해 돈을 벌고 싶어요."

반론한 것은 보스에게 어린아이 취급을 당한 나나미였다. 그 목소리에서 강한 의지를 느낄 수 있었다.

"그게 바로 노예라는 증거야."

보스는 단정했지만 그녀는 곧바로 되받아쳤다.

"하나 여쭤보겠는데요, 여기에 있는 1억 엔에 가치가 있다고는 생각하지 않으시나요? 없어지면 곤란하시겠죠?"

보스는 천천히 고개를 젓고 진지한 얼굴로 내쏘았다.

"오히려 돈을 받아 줄 사람을 찾고 있을 정도야."

더 이상 물러날 곳이 없어서 엉겁결에 한 말일 거라고 유토는 생각했지만 그렇지 않았다. 보스는 계속해서 말했다.

"물론 아무한테나 줄 순 없지. 조건이 있어. 우선 내 얘기를 듣고 돈의 정체를 이해해야 돼."

"돈의 정체……라고요?"

나나미가 가지런한 눈썹을 찌푸렸다.

"간단해. 그저 세 가지 진실이지."

보스가 작은 손가락을 펴면서 세어 나갔다.

"하나, 돈 자체에는 가치가 없다. 둘, 돈으로 해결할 수 있는 문제는 없다. 셋, 다 같이 돈을 모아도 의미가 없다.”

진실이고 뭐고 전부 정반대잖아. 그렇게 생각한 유토는 의문점을 그대로 말했다.

“너무 수수께끼 같은 얘기예요. 왜냐면 돈에는 분명히 가치가 있잖아요. 아닌가요?”

자신의 편을 찾아서 옆을 돌아보자 나나미가 고개를 끄덕이며 유토의 말을 이어받았다.

“저도 그렇게 생각해요. 돈으로 해결할 수 없는 문제도 있지만 많은 문제는 돈으로 해결돼요. 돈을 모으는 것도 미래를 대비하기 위해서는 필요한 일이고요.”

“그렇군. 수수께끼 같단 말이지.”

알 수 없는 표정을 지으며 보스가 턱을 만진다.

“그 세 가지 수수께끼를 밝혀내면 돈의 정체가 보일 거야. 돈의 노예에서 벗어나는 거지. 그리고 이 건물의 진정한 가치를 아는 사람에게는 이 저택을 통째로 줄 수도 있어.”

“이곳의 진정한 가치, 말인가요?”

나나미가 대충 계산하는 듯한 눈초리로 방 안을 둘러본다.

“나나미 씨뿐만이 아니야. 유토 군도 여기에서 내 얘기를 듣는다면 훌륭한 후보자지.”

말을 끝내자 보스는 다시 미소를 지었다.

유토는 양팔을 테이블에 올리고 몸을 앞으로 기울였다. 돈의 정체도 궁금했고 돈의 노예가 되고 싶지도 않았다.

수상한 사람이긴 하지만 적어도 거짓말을 할 사람처럼 보이진 않는다. 허울 좋은 말만 할 것 같지도 않아서 호감을 느꼈다.

냉정하게 생각하면 일면식도 없는 유토를 후보자에 올리는 것은 얼토당토않은 이야기나. 하지만 이때는 그것까지 생각할 여유가 없었다. 그리고 왠지 모르게 자신이 이 저택을 손에 넣을 수 있을 것만 같은 기분이 들었다.

창밖에서 천둥소리가 한 차례 울려퍼졌다.

현대 사회를 살아가는 우리에게 돈은 필수불가결한 도구입니다. 돈은 더없이 편리한 도구지만 취급설명서 같은 건 없습니다. 일상 생활 속에서 우리가 돈에 대해 깊게 생각할 기회는 많지 않고, 그것 은 때때로 다양한 문제를 낳습니다.

이 이야기의 주인공처럼 본래는 도구여야 할 돈에 얽매여 돈을 중 심으로 여러 가지 선택을 하게 되기도 합니다.

프롤로그에서 보스는 돈에 대한 세 가지 수수께끼를 제시했습니다.

돈 자체에는 가치가 없다.
돈으로 해결할 수 있는 문제는 없다.
다 같이 돈을 모아도 의미가 없다.

이 수수께끼들을 밝혀내면 돈이라는 족쇄에서 해방되어 내 의지에 따라 돈을 도구로서 사용할 수 있게 됩니다. 그것은 새로운 시점의 발견이기도 합니다.

이야기가 진행될수록 이 새로운 시점을 통해 우리가 살고 있는 사 회가 어떤 구조로 성립되어 있는지 그 배후에 숨겨진 진실도 분명 해질 것입니다.

매일의 생활이나 인생의 중요한 결정들이 돈에만 좌우되지 않기 위 해서라도 우선 돈에 대한 수수께끼를 풀어 나가 봅시다.

돈에 대한 첫 번째 수수께끼

돈 자체에는
가치가 없다

부자의
마지막
가르침

◎◎◎ ──────────────── 사쿠마 유토는 우울한 표정으로 해가 진 상점가를 걷고 있었다. 가로등과 네온 불빛이 반사되어 젖은 아스팔트에서 광택이 났다. 곳곳에 생긴 커다란 물웅덩이는 조금 전까지 세차게 내리던 비의 증거이고, 비를 피했던 저택에서 일어난 사건이 현실임을 알려줬다.

보스라고 불리는 남자가 돈에 대한 세 가지 수수께끼를 가르쳐 준다고 한다. 심지어 그 저택까지 줄지도 모른다. 하지만 '돈에는 가치가 없다'는 첫 번째 수수께끼의 답조차 아직 찾지 못했다.

유토가 멈춰선 곳은 노렌✦이 걸린 가게 앞이었다.

'돈까스 사쿠마'라고 적힌 남색 노렌은 빛바래 있었고 아래로 갈수록 갈색으로 변색돼 있었다. 30년 전 구획 정리 때문에 가게를 다시 열었을 때 맞춘 거라고 들은 적이 있다. '느낌 있는' 노렌이라는 말을 종종 듣지만 유토 입장에서는 궁상맞다는 말과 다를 바가 없었다.

✦ 상점 입구의 처마 끝이나 가게 앞에 치는 막.

문을 옆으로 드르륵 열자 세월이 느껴지는 테이블에 손님 여럿이 앉아 있었다. 그들의 눈은 TV를 향해 있었다. 마침 6시 뉴스가 시작됐고 캐스터가 세계적인 인플레이션 때문에 식품 가격과 전기 요금이 오르고 있다고 말했다.

벽에 걸려 있는 슬림형 TV는 크기가 너무 커서 '느낌 있는' 가게 분위기와는 확실히 어울리지 않았다.

늦은 감이 있지만 유토는 이제야 뭔가 이상하다고 생각했다. 분명 이 TV는 절에서 받은 기증품이었다. 잘 생각해 보면, 절에서 기증을 받았다니 말이 되지 않는다. 오히려 그 반대가 맞지 않은가.

"어딜 갔다 이제 오는 거야?"

주방에서 엄마가 고개를 내밀었다. 손님이 앞쪽에 있어서 목소리 톤을 낮췄지만 확실히 기분이 안 좋아 보였다. 연금술사가 사는 저택에서 돈 이야기를 듣고 왔다고 솔직하게 말해도 안 믿어 줄 것이다.

"도서관에서 공부했다니까."

유토는 우물거리며 대답하고 곧바로 눈을 피했다.

"어느 도서관?"이라고 추궁당했지만 "여기 맥주 한 병 더 주세요" 하는 손님의 주문이 유토를 살렸다.

엄마가 맥주병을 따는 틈을 타 유토는 주방 옆 계단을

재빨리 뛰어올라가 집이 있는 2층으로 도망쳤다.

방에 들어가자 피로가 갑자기 밀려왔다. 가방을 내던지고 2층 침대의 아래쪽 침대에 걸터앉았다. 조명은 켜지 않았지만 상점가를 비추는 가로등 불빛 때문에 방 안은 어스름했다. 다다미 가장자리에 군데군데 찢어진 곳이 보였다.

저택 내 호화로운 보스의 방과 돈까스 가게 2층의 자신의 방이 이렇게나 다른가 생각하며 한숨을 내쉰다.

유토는 천장을 보고 침대에 누워 오른손을 바라봤다. 조금 전 느꼈던 감촉이 되살아났다. 불과 두 시간 전 처음으로 지폐 뭉치를 만졌던 순간을 떠올렸다.

◎ 불에 태워지는 돈

그 저택에서 창을 두드리는 세찬 빗소리를 들으며 유토는 보스와 마주 앉아 있었다. 그는 소중히 간직해 둔 비밀이라도 밝히듯 기세등등한 표정으로 이렇게 말했다.

"돈에 가치가 없다는 건 간단하게 증명할 수 있어. 매년 어마어마한 양의 돈이 태워지고 있거든."

"에이, 그럴 리가 없잖아요."

유토가 아양을 떨듯 웃었다. 그가 장난을 치고 있다고 생각해서였다.

"못 믿겠으면 이걸 봐."

보스는 지폐 뭉치 더미에서 한 뭉치를 집어 트럼프 카드를 나눠 주듯 손목을 재빨리 돌렸다.

지폐 뭉치가 테이블 위에서 미끄러지듯 움직였다. 유토는 알 수 없는 소리를 내며 바닥으로 떨어질 뻔한 지폐 뭉치를 황급히 받아냈다. 처음 느끼는 지폐 뭉치의 촉감 때문에 한번 더 심장 박동 수가 올라갔다. 그리고 긴장감과 함께 다른 감정도 꿈틀댔다.

"돈이나 트럼프 카드나 똑같으신가 보네요."

돈을 막 다루는 보스의 태도에 최대한 불쾌함을 드러낼 생각이었지만 그는 전혀 개의치 않았다.

"둘 다 그저 종잇조각이니 그렇지. 그래서 지폐가 낡으면 태워서 버려지는 거야. 옛날 지폐가 존재하지 않는 게 바로 그 증거지."

보스의 말에 유토는 앞에 놓인 지폐 뭉치를 훌훌 넘겨 젖혀 보았다. 오래된 지폐는 확실히 한 장도 보이지 않았다.

"뭐, 그렇긴 하네요."

그 사실을 마지못해 인정한 유토는 유리 공예품이라도 다루듯 지폐 뭉치를 조심스레 테이블 위에 내려놓았다.

보스는 싱긋 웃고 나서 다시 이야기하기 시작했다.

"사용 과정에서 지폐는 오염되거나 찢어지지. 5년씩 쓰면 너덜너덜해지니까 낡은 건 버리고 새로운 지폐를 쓰는 거야. 지폐 자체에 진정으로 가치가 있다면 낡은 지폐를 버릴 이유도 없겠지."

만약 이 이야기를 유토만 듣고 있었다면 그 설명에 납득했을 것이다. 하지만 그 자리에는 유토 외에도 한 명, 이야기를 듣고 있는 인물이 있었다.

왼편에 앉은 나나미다.

투자 은행에서 일한다는 그녀는 말수가 적었다. 이질적인 공간에 압도된 유토와 달리 보스에게 도전하는 듯한 표정으로 이야기를 듣고 있었다.

그런 그녀가 손에 들고 있던 찻잔을 내려놓았다.

"외람된 말씀이지만 그건 인플레이션을 막기 위해서예요."

"호오, 그렇게 나온단 말이지."

보스는 기분 좋게 받아쳤지만 유토는 이해하지 못했다.

"인플레이션이란 게 가격이 오르는 걸 말하는 거죠? 그

거랑 무슨 상관이 있나요?"

그 물음에 대답한 것은 나나미였다. 살갑지 못한 것인지 그녀는 내내 표정이 심각했다. 하지만 이야기 자체는 이해하기 쉬웠다.

"모든 사람한테 돈이 너무 많으면 물건을 더 많이 사려고 할 테니 가격이 오르겠지? 예를 들어, 이 쿠키가 하나에 100엔에서 200엔으로 올랐다고 가정해 볼까?"

그렇게 말하고 그녀는 접시 위의 쿠키를 집어 들었다. 홍차와 함께 나온 쿠키에서 버터향이 났다.

"똑같은 천 엔짜리 지폐 한 장으로 살 수 있는 쿠키의 개수가 10개에서 5개로 줄어들겠지? 다시 말해서 돈의 값어치가 떨어져 버리는 거야. 돈이 너무 많아지면 값어치가 떨어지니까 새로 인쇄한 만큼 버려야 하는 거지."

유토의 뇌리에 옛날에 읽은 교과서의 한 부분이 떠올랐다. 트랙터가 양상추를 뭉개는 사진이다. 작황이 너무 좋아 양상추의 값어치가 떨어져서 양상추를 폐기하고 있다는 설명이 적혀 있었다. 그와 마찬가지로 값어치가 떨어지지 않도록 돈을 버린다는 뜻일까.

이해가 갈 듯했지만 보스의 이어지는 말을 듣고 오히려 더 알쏭달쏭해졌다.

"인플레이션을 막기 위해 지폐를 버린다고 생각하는 사람은 많아. 하지만 조금 전 나나미 씨가 말했듯 미래를 대비해서 다들 돈을 모으면 돈이 늘어나서 인플레이션 때문에 곤란해질 거야. 그건 모순이라고 생각하지 않나?"

보스의 빈정거리는 듯한 미소가 나나미를 향했다.

시무룩한 그녀는 회색 재킷을 벗고 의자 등받이에 기대앉았다. 그리고 흰 셔츠의 소매를 걷어 올렸다.

"꽤 흥미로운 지적이네요. 차분하게 논의해 보고 싶어요."

보스는 만족스러운 듯 고개를 한 번 끄덕이고 나서 계속해서 이야기했다.

"개개인의 시점에서 보면 우리는 돈에 가치를 느끼고 있지. 하지만 전체의 돈이 너무 많이 늘어나는 건 좋지 않을 거야. 내가 하려는 말이 바로 그거야. 사회 전체의 시점에서 보면 돈에 대한 관점이 달라지지."

젠체하는 표현에 유토는 애가 달았다.

"어떻게 달라진다는 말씀이신가요?"

"돈의 가치가 사라진다는 말이야. 이 지폐 뭉치가 그저 종잇조각으로 보이는 거지."

지폐 뭉치 더미에 툭 하고 손을 올린 보스는 다시 한번 빙긋 웃었다.

창을 두드리는 빗소리가 불규칙적인 리듬을 만들고 있었다.

◎ 버릴 수 있는 티켓

그때 보스의 방에서 본 젠체하는 미소는 유토에 대한 도전장처럼 보였다.

"귀찮네 정말."

침대에서 일어나 책상의 조명을 켜면서 투덜댔지만 수수께끼를 풀고자 하는 의욕에는 불이 붙었다.

노트를 펼쳐 보스의 말을 적어 본다.

"한 사람 한 사람에게는 가치가 있지만 전체의 관점에서 보면 가치가 사라진다."

수수께끼 같은 말을 바라보면서 유토는 스마트폰에 손을 뻗었다.

검색어를 입력하자 곧바로 보스의 이야기와 관련된 정보를 발견했다. 소각되는 낡은 지폐는 매년 30조 엔이나 된다고 한다.

'정말일까?'

유토는 생각한다. 30조 엔의 지폐 뭉치를 쌓아올리면 높이가 300킬로미터는 족히 될 것이다. 국제우주정거장까지의 거리와 엇비슷한 수치다.

보스가 보란 듯이 과시한 지폐 뭉치 더미에도 놀랐는데 우주까지 닿을 정도라니. 그렇게 어마어마한 양의 지폐 뭉치 기둥을 태우다니 아깝다는 말로도 부족하다. 우뚝 솟은 지폐 뭉치 기둥이 머릿속에서 쓰러진다. 하늘에서 내려오는 만 엔짜리 지폐에 사람들이 떼를 지어 모여드는 모습을 상상했다.

지갑에 한 장 들어 있던 천 엔짜리 지폐를 꺼내 조명 아래에서 가만히 바라보았다. 세밀한 모양이 빼곡하게 그려진 지폐에는 또렷하게 '일본은행권'이라고 적혀 있다.

'권'이란 티켓을 말한다.

불가사의한 느낌이 들었다. 쿠폰이나 영화 티켓이랑 똑같은 걸까. 유토에게 가장 친숙한 티켓은 돈까스 사쿠마의 천 엔짜리 식사권이다. 도장을 10개 모은 손님에게만 주고 있다.

그러고 보니 한번은 이런 일이 있었다. 가게 일을 돕던 유토가 손님에게 받은 식사권을 찢어 버렸을 때의 일이다. 우연히 가게에 놀러온 친구가 놀란 표정을 지은 것이다.

"아깝다. 버릴 거면 나한테 줘."

친구 눈에는 천 엔짜리 지폐를 찢어 버리는 것과 다를 바가 없었던 것이다. 쿠폰이든 영화 티켓이든 이용하는 입장에서는 가치가 있다. 하지만 발행하는 입장에서는 아무런 가치도 없다. 그와 똑같은 감각으로 만 엔짜리 지폐를 태운다는 걸까.

노트에 적은 말을 다시 한번 읽어 본다.

"한 사람 한 사람에게는 가치가 있지만 전체의 관점에서 보면 가치가 사라진다."

'전체의 관점에서 보면'의 의미는 아직 이해하지 못했다. 다음 주 보스의 방에 갈 때까지 꼭 밝혀내고 싶다고 유토는 생각했다.

◎ 금과 욕망의 역사

매주 일요일 점심이면 유토는 돈까스집 아들로 태어나서 다행이라고 실감한다. 가장 좋아하는 돈까스덮밥을 먹을 수 있기 때문이다. "질리지도 않냐"라고 말하는 형은 늘 싫증을 낸다.

이날도 어김없이 촉촉한 계란이 올라간 돈까스덮밥을 허겁지겁 먹었다. 에너지를 보충한 유토는 자전거에 올라타 시립도서관 본관까지 페달을 밟았다. 물론 보스의 말의 의미를 이해하기 위해서였다.

본관까지 온 것은 초등학생 때 이후 처음이었다. 오래된 종이와 잉크의 향기가 맴도는 관내를 거닐며 돈에 관련된 책을 찾았다.

여러 책을 집어 들던 중 금에 관한 책에 시선이 멈췄다.

금의 역사는 인간 욕망의 역사 그 자체인 듯했다. 금은 귀금속으로서 취급되었을 뿐만 아니라 옛날에는 돈을 대신해서 쓰이는 일도 많았다. 눈부시게 아름다운 금의 가치는 국경을 초월해 다른 나라와의 교역에도 편리하게 쓰인다.

대항해 시대에 포르투갈과 스페인이 탐험을 시작한 목적 중 하나는 금을 손에 넣기 위해서였다. 금에 대한 욕망이 격화된 그들은 금광을 찾아 전 세계를 누볐다.

책에는 500년 전의 비극도 기록되어 있었다. 당시 명성을 날린 아스테카 제국의 수도에는 도로와 수도가 정비되어 있었다. 식문화도 발달해 초콜릿 음료 같은 것도 마셨다고 한다.

하지만 스페인에 의해 그 모든 것이 통째로 파괴되어 버린다. 스페인은 아스테카가 비축한 금을 노렸던 것이다. 아스테카는 금을 강탈당했을 뿐만 아니라 노예처럼 부려져 당시 천만 명 이상이 살던 이 나라의 인구는 불과 반 세기만에 백만 명 정도까지 줄었다.

한 나라를 멸망시킬 정도로 탐했던 금이란 대체 무엇일까. 어느 나라, 어느 시대든 금은 사람들을 매료시키는 존재다.

"금에 가치를 느끼기 때문에 비로소 지폐에도 가치를 느낀다."

보스의 방에서 나나미가 그런 이야기를 하고 있었다. 유토에게는 그 말에 이어 보스가 한 말이 더 인상적이었다. 오늘 이렇게 도서관에 와 있는 이유도 그 말이 유토의 등을 떠밀었기 때문이었다.

◎ 어려운 단어에 만족하는 사람들

비가 계속 쏟아지는 창가에 눈길을 주던 보스는 이런 질문을 던졌다.

"왜 우리는 지폐라는 종잇조각에 가치를 느끼고 그걸 쓰고 있다고 생각하나?"

그 질문에 나나미는 갈색 머리카락을 쓸어 올리고 자신 있게 대답했다.

"그건 간단하게 설명할 수 있어요. 옛날에는 태환지폐를 사용했기 때문이에요."

"태환지폐?"

익숙하지 않은 단어가 튀어나와서 유토가 되물었다.

"맞아. 옛날 지폐는 태환지폐라고 해서 은행에 들고 가면 정해진 양의 금과 교환할 수 있었어. 그럼 지폐의 가치를 느낄 수 있겠지? 그 대신 은행은 지폐의 발행량과 똑같은 가치의 금을 갖고 있어야만 했지."

그녀의 설명은 친절하고 논리 정연했다. 눈빛은 변함없이 날카롭다.

"그리고 모두가 지폐의 가치를 믿게 되면서 태환지폐가 불환지폐로 바뀐 거야."

"이번에는 불환지폐……인가요?"

"금과는 교환할 수 없게 된 거야. 그래서 금의 보유량에 제한받지 않고 더 자유롭게 지폐를 발행할 수 있게 되었지. 그 대신 지폐의 가치는 은행이나 정부가 보증하고 있어.”

“그걸 태환지폐, 불환지폐라고 하는군요.”

유토는 두 단어를 스마트폰에 입력했다. 한자를 검색해 보고 만족스러워하고 있는데 보스가 기묘한 질문을 던졌다.

“우주가 어떻게 만들어졌는지 유토 군 혹시 알고 있나?”

갑자기 다른 얘기를 해서 당황했지만 대답은 자연스럽게 입에서 미끄러져 나왔다.

“알고 있어요. 빅뱅이죠?”

“그럼 빅뱅이라는 게 뭐지?”

“음…… 빅뱅…… 무언가의 대폭발이던가요?”

유토는 말문이 막혔다. 질문을 받을 때까지 생각해 본 적조차 없었다. 아무것도 모른다는 사실을 깨닫고 부끄러워 얼굴을 일그러뜨렸다.

“내가 하고 싶은 말이 바로 그거야. 어려운 단어를 외우기만 하면 마치 이해한 것 같은 기분이 들고, 거기서 배움이 끝나 버리지. 그런 사람들이 세상에는 아주 많아.”

매서운 표정을 지은 나나미가 보스의 의견에 동의한다.

“저도 실감하고 있어요. 그런 손님들에게 우습게 보이지 않으려고 일부러 어려운 말을 쓸 때가 있어요.”

"우습게 보이지 않으려고요?"

그 말에 담긴 심상치 않은 감정이 유토에게도 전해졌다.

"맞아. 나 같은 젊은 여자는 일본 고객들에게는 쉽게 보이나 봐. 그래서 주가 상승의 이유 같은 걸 물어 오면 일부러 '글로벌한 유동성 과잉 현상' 같은 어려운 말로 대답하는 거지."

"저는 전혀 모르겠는데요."

유토는 머리를 긁적였다.

"몰라도 돼. 어려운 단어를 알고만 있어도 만족하는 사람들이 많거든. 방금 한 말은 그저 '전 세계에 돈이 남아돌기 때문이에요'라는 뜻일 뿐인데 말야."

나나미는 살짝 수줍어하며 웃었다. 그게 그녀가 처음 보여준 웃는 얼굴이었다.

처음 방문한 이곳에서 그녀가 쉽게 보이지 않으려고 경계하고 있었을 거라고 유토는 생각했다. 그녀는 다시 예리한 눈빛으로 돌아갔지만 그저 볼에 힘을 주고 있는 것처럼 보이기도 했다.

그 모습을 미소를 지으며 바라보던 보스가 이야기를 정리했다.

"그들은 어려운 단어가 지혜의 열매라도 되는 양 생각

하겠지. 유동성 과잉이라는 말을 외우고 있으면 마치 이해한 것 같은 기분이 드는 거야. 하지만 지혜의 열매를 먹는다고 똑똑해질 리 없어. 지혜는 키우는 거야. 중요한 건 스스로 알아보고 나만의 언어로 깊게 생각하는 거라고."

◎ 물을 1만 엔에 파는 방법

그때의 보스의 가르침이 아직도 유토의 귓가에 남아 있었다.

"스스로 알아보고 나만의 언어로 깊게 생각하기."

오늘 도서관으로 발길을 옮긴 이유는 그 가르침을 실천하기 위해서였다.

금과 교환하지 못해도 가치를 느낄 수 있는 지폐는 획기적인 발명이라고 생각했다. 아스테카 시대에 지폐를 사용했다면 그들은 침략을 피할 수 있었을지도 모른다.

500년 전의 세계에 대해 생각하고 있는데 폐관을 알리는 벨이 울렸다. 유토는 다 읽은 책을 반납 서가에 되돌려 놓고 도서관을 뒤로 했다.

다시 자전거에 올라탄 유토는 보스가 던진 질문을 떠

올렸다. 나나미와 보스의 대화는 그 뒤에도 남아 있었다.

빗소리가 차분해진 보스의 방에서 그는 우선 나나미를 칭찬하고 뒤이어 부정했다.

"투자 은행에서 일한 만큼 나나미 씨는 잘 알고 있구만. 정부나 은행이 지폐라는 종잇조각의 가치를 보증하고 있을지는 모르지만 내 질문은 그걸 어떻게 쓰고 있는가 하는 점이야."

"가치를 느끼면 쓰지 않을까요?"

이의를 제기하는 듯한 나나미의 갈색 눈동자가 보스를 향했다.

"정말 그럴까? 예를 들어 그 쿠키, 발효 버터로 만든 인기 쿠키지. 하지만 자네는 아직 한 입도 안 먹었어."

그녀의 앞에 놓인 쿠키 다섯 개는 손도 대지 않은 상태였다. 안 먹을 거면 자신이 먹고 싶다고 유토는 속으로 생각했다.

"이거 진짜 맛있어요. 안 드신다니 너무 아까워요."

그러자 나나미는 배를 만지면서 말했다.

"나 점심을 너무 많이 먹었어."

"바로 그런 거야."

보스가 지적한다.

"가치를 느껴도 쓸지 말지는 본인 하기 나름이지. 아무리 맛있어도 안 먹을 때도 있는 거야. 쿠키를 먹게 하는 것과 쿠키의 맛은 다른 문제지. 그 증거로 맛없는 쿠키를 먹게 만드는 방법이 존재해."

그 방법을 알면 우리가 지폐를 사용하는 이유도 알 수 있다고 한다. 그리고 지폐의 가치가 전체의 관점에서는 사라진다는 수수께끼의 답까지. 그 해답을 듣는 것은 다음 번 만남으로 미뤄졌다.

정말 그런 방법이 존재할까.

도서관에서 돌아오는 길에 유토는 자전거 페달을 밟으면서 계속 생각했다. 결국 해답의 실마리조차 발견하지 못한 채 가게에 도착해 버렸다.

2층으로 올라가자 형이 방바닥에 배를 깔고 만화책을 보고 있었다. 유토는 2층 침대 아래쪽에 걸터앉았다.

"이 시간에 웬일이야? 학원 안 가는 날이야?"

대학 수험을 앞두고 있는 형은 늘 늦게까지 학원에서 공부를 한다. 식사 시간 외에는 느긋하게 이야기할 기회조차 거의 없다.

형은 바닥에 만화책을 내려놓고 대자로 누워 시원하게 팔다리를 늘렸다.

"휴식이야, 휴식. 아침부터 계속 모의고사를 봐서 기진맥진 상태야."

유토는 강아지처럼 천진난만한 눈으로 형을 바라봤다.

"저기 형, 뭐 좀 물어봐도 돼? 맛없는 쿠키를 먹게 만드는 방법이 있다고 생각해?"

목 뒤로 깍지를 낀 형은 "그게 뭔 소리야?"라고 말하더니 그대로 복근 운동을 하며 능숙하게 대답하기 시작했다.

"비슷한 문제라면 들은 적이 있지. 페트병에 담긴 물을 1만 엔에 팔려면 어떻게 해야 하는가 하는 문제."

"그런 게 가능해?"

아무래도 지쳤는지 형은 복근 운동을 그만두고 상반신을 일으켰다.

"여러 가지 방법이 있는데, 가장 간단한 방법은 방에 가두고 난방을 세게 트는 거야. 그럼 물이 마시고 싶어지겠지?"

"그럼 내가 궁금한 문제도 배가 고플 때까지 방에 가두는 게 정답이라는 말이야?"

유토도 비슷한 느낌으로 장난치듯 대답하자 형이 검지로 유토의 얼굴을 똑바로 가리켰다.

"바로 그거야! 무조건 그게 답이라고!"

설마 그럴 리 없겠지. 유토는 쓴웃음을 지을 수밖에 없었다. 하지만 오랜만에 형과 시답잖은 대화를 나눠서 기분이 좋았다.

◎ 세금에 숨겨진 비밀

비가 세차게 내리던 그날로부터 정확히 일주일 뒤 유토는 나나미와 함께 보스의 방을 다시 찾았다.

발걸음은 무거웠다. 수수께끼를 밝혀내서 보스를 놀래주고 싶었지만 결국 이렇다 할 답을 찾지 못한 것이다.

방에 들어가자 "잘 왔구만" 하고 보스가 웃는 얼굴로 맞이했다. 타원형 테이블에는 이미 세 명분의 홍차와 파운드케이크가 놓여 있었다.

보스가 선반에서 꺼낸 병을 기울여 유토의 찻잔에 갈색 액체를 조금 따랐다. 달달하고 탄 듯한 향이 유토의 코를 간지럽혔다.

"저번에도 따라 주셨는데 그 갈색 액체는 뭔가요?"

"이건 브랜디라는 양주야. 홍차에 아주 잘 어울려."

보스는 찻잔을 코에 갖다 대고 천천히 향을 들이마셨다.

"자, 저번에 이어서 계속 이야기해 볼까. 어떻게 하면 나나미 씨가 쿠키를 먹게 할 수 있을까 하는 얘기 말야. 뭐 좀 생각난 게 있나?"

보스가 장난스러운 눈으로 유토를 쳐다봤다.

"이거 답이 있나요? 말도 안 되는 방법밖에 생각나질 않는데……."

"호오, 말도 안 되는 방법이라고? 그게 뭔지 듣고 싶구만."

"무조건 틀렸을 거라고 생각하지만……."

창피당하지 않으려고 서론을 덧붙인 유토는 자신이 생각하는 답을 말했다.

"나나미 씨를 여기에 가둬서 배고프게 만들면 먹지 않을까 싶은데……."

"잠깐, 그건 좀 심한 거 아냐?"

나나미의 차가운 시선을 유토가 웃으며 바라보자 보스가 분하다는 듯 말했다.

"정답을 맞혀 버렸구나."

그는 주머니에서 꺼낸 열쇠를 두 사람에게 내밀었다. 그리고 '철컥' 하고 소리를 내며 손목을 돌렸다.

"이걸로 나나미 씨를 방에 가두고 반나절만 기다리면

되는 거야. 그럼 아무리 맛없는 쿠키라도 먹겠지.”

유토는 입을 반쯤 벌린 채 굳어 버렸다. 설마 자신이 말한 답이 정답일 줄은 몰랐다.

한편 나나미는 “그야 그렇지만……” 하고 어이가 없어 할 말을 잃었다.

보스가 웃으면서 이야기를 이어갔다.

“자, 그런 표정 짓지 말라고. 어디까지나 비유야. 우리가 지폐를 사용하게 된 이유도 배가 고파서지.”

“배가 고프다니 그게 무슨 말인가요?”

유토의 질문에 보스가 몸을 앞으로 내밀었다.

“이상하다는 생각 안 드나?”

그렇게 말하더니 그는 진상을 이야기하기 시작했다.

“에도 시대에는 계속 동전이나 고반◆을 썼는데 메이지 시대에 들어 갑자기 1엔짜리와 10엔짜리가 유통됐어. 국립 은행이 지폐를 처음 발행한 건 1873년. 이 해에 무슨 일이 있었는지 알고 있나?”

“1873년은 징병령과 지조◆◆가 개정됐죠?”

마침 기말고사를 앞두고 있던 유토에게는 식은 죽 먹

◆　덴쇼 시대로부터 에도 시대에 걸쳐 만든 타원형의 금화.
◆◆ 토지에 과하는 수익세.

기였다.

"우와, 대단하다. 잘 아는구나."

나나미에게 칭찬을 받아서 유토도 기분이 살짝 좋아졌다.

"역사는 자신 있어요. 그래 봤자 연호만 외우고 있지만."

보스도 만족스러운 듯 고개를 끄덕였다.

"잘 알고 있구만. 지조가 개정되면서 세금은 쌀이 아니라 지폐로 걷게 되었어. 그러려면 당연히 지폐가 필요하겠지? 그래서 모두 지폐를 원하게 된 거야. 그렇게 지폐가 단번에 보급됐지."

"고작 그 일 때문에요?"

유토는 당장 믿을 순 없었다.

"학교랑은 달라. '큰일 났다. 숙제하는 걸 깜빡했네'라고 해서 끝나는 게 아냐. 세금을 안 내면 경찰에 잡혀가고 토지를 몰수당하지. 필사적으로 지폐를 손에 넣을 수밖에 없었던 거야."

"하지만 세금 때문에 지폐를 원하는 거라면 지폐가 금과 교환 가능할 필요는 없잖아요."

나나미의 냉정한 시선이 보스를 향했다.

"금과 교환할 수 있었던 건 이를테면 보조바퀴 같은 거야. 갑자기 지폐를 쓰라고 하면 혼란스럽겠지? 실제로 새로운 제도를 따라가지 못하고 토지를 잃은 농가도 많아. 처음에는 안심할 수 있게 금이랑 교환할 수 있다는 보조 바퀴가 필요했던 거야. 본체의 바퀴는 세금을 걷는 걸 가리키는 거고."

보스의 설명에 "그렇구나" 하고 나나미가 고개를 살짝 끄덕였다.

"가상 통화가 보급되지 않는 이유도 분명 그것 때문이겠네요. 많은 사람이 가치를 믿어도 배가 안 고프니까 보급되지 않는 거죠. 드디어 맥락을 이해했어요."

"그렇지. 만약 앞으로 가상 통화로만 세금을 낼 수 있게 된다면 다들 가상 통화를 원하게 될 거야."

보스의 이야기를 듣는 동안 유토도 돈의 정체가 조금씩 보이기 시작했다.

"지금 하신 설명은 이해했어요. 아직 어렴풋하지만요. 하지만 전체의 관점에서는 가치가 없다는 말을 아직 잘 모르겠어요."

"자, 실제로 돈을 만들어 보면 이해가 갈 거야."

쿠키라도 만들듯 보스는 가볍게 제안했다. 그리고 "재료를 가져올게"라고 말하더니 종종걸음으로 방을 나갔다.

그가 사라지자 방 안이 고요해졌다.

◎ 즉석에서 만든 가정용 지폐

보스가 앉아 있던 의자 뒤에는 천장에 닿는 대형 선반이 있었고 여러 가지 물건이 어수선하게 놓여 있었다. 브랜디 병 외에도 외국 타악기, 파란 지구본, 돛단배 모형, 목이 움직이는 야구선수 인형, 낙타 모양의 탁상시계 같은 것들이 놓여 있다.

그리고 그 외의 공간을 채우고 있는 것은 대량의 책이다. 의외로 돈이나 경제 서적은 적고 역사나 사회 문제, 교육에 관한 책이 많다.

3분 정도 지나 돌아온 보스는 "어이차" 하며 의자에 앉았다.

"많이들 기다렸지. 그럼, 사쿠마 달러를 발행해 볼까?"

"사, 사쿠마 달러요? 그게 뭐예요?"

유토가 되물었다.

"지금부터 사쿠마네에서 쓸 수 있는 돈을 만들 거야. 사쿠마 드롭스+ 같고 왠지 맛있어 보이지?"

옛날에 유행했던 사탕 이름이라고 하는데 유토는 영문을 알 수 없었다.

"자네 집에서 해야 현장감이 느껴질 텐데 말야. 그럴 순 없으니 여기가 유토 군의 집이라고 상상해 보자고. 내가 아버지고 나나미가 어머니 역을 맡아 줘."

설명을 들어도 유토는 상황을 이해하지 못했다.

제멋대로인 보스는 조금도 아랑곳하지 않고 트럼프 카드 한 벌과 사인펜을 나나미에게 건넸다.

"숫자가 적힌 면에 '1 사쿠마 달러'라고 적어 주겠나? 전부 다 쓰려면 힘드니까 처음 몇 장만 써도 돼."

나나미도 곤란한 표정을 지었지만 곧바로 지시받은 작업을 시작했다. 그녀가 펜을 놀릴 때마다 트럼프 카드에는 '1 사쿠마 달러'라는 검은 글자가 새겨졌다.

한편, 보스는 콧노래를 부르며 만년필로 종이에 무언가를 적고 있었다. 만년필은 보스의 손에 익은 듯했고 오랫동안 애용했음을 알 수 있었다. 예스러운 모양이지만 표면의 금세공에서 기품이 느껴졌다.

보스는 만년필을 안쪽 주머니에 조심스럽게 넣더니

✦ 1908년 사쿠마제과가 발매한 사탕.

"자" 하고 설명을 시작했다.

"이 트럼프 카드 한 벌은 조커를 포함해서 총 54장이야. 지금 사쿠마의 어머니가 54 사쿠마 달러를 발행했어. 어머니의 역할은 만 엔짜리 지폐를 발행하는 일본은행에 해당하는 거야."

보스는 나나미에게 트럼프 카드를 받고 그 대신 종이 한 장을 건넸다. 거기에는 단 세 줄이 적혀 있었다.

차용증

54 사쿠마 달러를 빌립니다. 1년 후에 이자를 더해 갚겠습니다.

사쿠마 아버지

"아버지인 나는 정부에 해당하지. 방금 나나미에게 건넨 건 차용증이야. 실제로 일본은행은 일본 국채라고 불리는 정부의 차용증을 대량 갖고 있어. 그저 우리나라의 상황을 재현하고 있는 거야. 어렵게 생각할 필요 없어. 어머니가 발행한 사쿠마 달러를 아버지가 빌렸을 뿐이지. 이제 준비는 끝났어."

"그래서 저는 뭘 하면 되나요?"

"유토 군 외에도 많은 아이들이 있고, 모두 함께 작은 사회를 만들고 있다고 생각해 볼까? 어느 날 유토 군은 집안일을 도왔고, 아버지가 고맙다며 5 사쿠마 달러를 줬다고 해 보자고."

보스는 카드 더미에서 다섯 장을 집어서 재빠르게 뒤집었다. 첫 만남 때 보았던 지폐 뭉치처럼 카드가 테이블 위를 미끄러져 유토 앞에 멈췄다.

"자, 어떤가? 그 사쿠마 달러에 어느 정도의 가치가 있다고 생각하지?"

보스의 말에 유토는 카드 다섯 장을 펼쳐 보았다. 동글동글한 글씨로 '1 사쿠마 달러'라고 적혀 있을 뿐이다. 이것에 가치가 있다는 감각을 전혀 느낄 수 없었다.

"아무렇지도 않아요. 아무 느낌이 없어요."

"그럼 하나 더 묻지. 사쿠마네 가게는 54 사쿠마 달러라는 돈을 발행했는데 가족의 생활은 풍족해졌을까?"

"똑같겠죠. 이런 카드를 발행한다고 풍족해질 리 없잖아요."

의미가 없는 질문이 계속되어 유토는 조금 짜증이 났다.

◎ 트럼프 카드와 지폐 뭉치가
   똑같이 보이는 순간

"지금은 그저 확인을 했을 뿐이야. 조급해하지 않아도 돼. 지금부터는 가치를 느낄 수 있을 거야. 그럼 이제 세금을 도입해 볼까? 유토 군이 생활하는 데 꼭 필요한 게 뭐지?"

보스의 질문의 목적은 명확하지 않았지만 유토는 생각나는 대로 꼽아 보았다.

"밥이나 스마트폰, 전자화폐 같은 것들이요."

"요즘 사람이구만 그래. 좋아, 세금은 스마트폰이라고 해 볼까? 아버지인 나는 아이들에게 선언할 거야. 오늘부터 매일 5 사쿠마 달러를 지불하지 않으면 스마트폰은 쓸 수 없다고 말야. 아버지는 진지해. 이 규칙을 지키지 않으면 스마트폰은 몰수야. 이 말을 듣고도 앞에 있는 그 트럼프 카드가 그저 평범한 카드로 보이나? 그 상황을 진지하게 상상해 보게."

유토는 눈을 감고 생각했다. 아버지의 명령은 절대적이니까 사쿠마 달러를 지불할 수밖에 없다.

갑자기 머릿속에서 뭔가가 번쩍인 것 같았다.

"아, 그렇구나! 그 선언을 들었더니 이 카드에 가치가 느껴져요. 이게 없으면 스마트폰을 쓸 수 없으니까요."

유토가 실감하자 지금까지 보스가 한 설명이 몸 안으로 들어왔다. 사쿠마 달러를 지불하지 않으면 스마트폰을 몰수당하고, 1엔이든 10엔이든 돈을 지불하지 않으면 토지를 몰수당한다.

지금 우리가 사용하는 만 엔짜리 지폐도 마찬가지다. 사쿠마 달러와 백만 엔짜리 지폐 뭉치는 모두 연결되어 있는 듯했다. 옆에 앉아 있는 나나미도 납득한 듯한 표정으로 고개를 끄덕이고 있었다.

"유토 군은 저번에 나한테 이렇게 말했었지. "돈이나 트럼프 카드나 똑같으신가 보네요"라고 말야. 지금 나랑 똑같은 생각을 한 것 같은데 어떤가?"

보스는 빈정거리는 듯한 미소를 지으며 한쪽 눈을 감아 보였다.

"와, 그렇네요."

유토는 탄성을 터뜨렸다. 보스의 작은 손바닥 안에서 놀아나고 있음을 깨달은 것이다.

"이제 유토 군 개인에게는 가치가 생겼구만. 자, 그럼 가족 전체에게는 어떨까? 54 사쿠마 달러가 늘어난 셈인데 생활은 풍족해졌을까?"

"가족 전체로는 딱히 아무런 변화도 없어요."

유토는 대답하고 나서 그 질문의 의미를 드디어 이해했다. 그것을 그는 트럼프 카드로 만든 돈으로 보여준 것이다.

"세금을 도입해서 아이들에게는 가치가 생겼어. 하지만 지폐 자체가 무언가를 만들어 내는 건 아냐."

"그런데 잠깐만요. 이대로라면 저, 곤란해요."

유토는 중대한 사실을 깨달았다.

◎ 돈이 확장시키는 사회

"여기 다섯 장이 있으니까 하루는 스마트폰을 쓸 수 있어요. 하지만 그다음은 어떻게 하면 되나요?"

불안해하는 유토에게 보스가 트럼프 카드 더미를 집어 올리며 대답한다.

"세금이 도입됐다면 그다음은 월급의 등장이야. 아버지가 다시 한번 자식들에게 선언하는 거야. '앞으로 집안일은 모두 스스로 하렴. 그 대신 월급을 줄 거야'라고 말이지."

월급이 지급되는 일을 제공하면 그다음엔 자연스럽게 돈이 순환한다고 보스는 설명했다. 주방을 청소하면 10 사쿠마 달러, 저녁 식사를 준비하면 15 사쿠마 달러 같은 식으로 일을 주고 월급을 준다. 이것은 정부가 공무원에게 월급을 주는 것과 똑같은 것이라고 한다.

하지만 정부가 제공하는 일 대신 다른 일을 선택할 수도 있다고 보스는 말한다.

"예를 들어 유토 군의 아버지가 저녁 식사 준비를 하는 대가로 정부로부터 15 사쿠마 달러를 받는다고 해 볼까? 유토 군은 형에게 마사지를 해 주고 5 사쿠마 달러를 벌어도 되는 셈이야."

사쿠마 달러를 사용한 경제는 정부가 만드는 일뿐만 아니라 마사지 같은 민간의 일에 돈을 지불하는 것으로도 자연스럽게 확장된다.

"돈 자체에 가치가 있는 게 아냐. 세금을 도입하면 개인의 입장에서 가치가 생기고 돈이 돌기 시작하는 거지."

보스의 이야기에는 설득력이 있었다. 고작 종잇조각 때문에 사람이 일을 하게 만들다니 대단하다고는 생각한다. 하지만 유토는 반은 질려 있었다.

"그렇게까지 해서 정부는 우리를 일하게 만들고 싶나 보네요."

"아니지, 아니야. 정부는 왕이 아니야. 유토 군의 형제가 집안일을 하는 건 왕을 위해서가 아니라 자네들의 생활을 위해서야. 지금까지는 집안일을 한 적도, 다른 형제를 위해서 일한 적도 없었지? 그런데 다들 서로를 위해 일하는 사회로 바뀐 거지."

"그건 실제 사회에서도 마찬가지인가요?"

"유토 군의 부모님은 어떤 장사를 하고 계시지?"

"저희 집은 돈까스 가게를 하고 있어요."

"돈까스 가게라니 대단한 걸? 그렇다면 유토 군은 맛있는 돈까스를 자주 먹겠구만."

"돈까스는 그렇게 자주 안 먹는데 튀김은 자주 먹어요."

어제 먹은 전갱이 튀김을 떠올리며 대답하자 보스는 알 수 없는 말을 했다.

"자, 카레가 먹고 싶을 때 모르는 아저씨네 집에 갑자기 들어가서 먹은 적이 있나?"

"무슨 소릴 하시는 거예요? 무슨 카레 도둑인가요?"

유토는 웃을 수밖에 없었다. 모르는 사람의 집에 갑자기 들어가다니 말도 안 되는 소리다. 행여 집 주인이 카레를 내준다고 해도 무서워서 먹을 수 없을 것이다.

그러자 보스는 "거 참, 이상하네⋯⋯" 하고 속이 빤히 보이는 표정을 지었다.

"유토 군네 가게에서는 갑자기 들어온 모르는 아저씨한테 돈까스를 내주고 있지?"

그 말을 듣고 드디어 이해했다.

"아, 손님을 말하는 거군요."

"그렇지. 부모님이 모르는 아저씨한테 돈까스를 만들어 주는 것도, 나나미가 거래처를 위해 자신의 시간을 쓰는 것도, 다 돈이라는 도구가 존재하기 때문이야. 엔이라는 똑같은 돈을 사용하니까 일본이라는 국가 안에서 서로 협력하며 살아갈 수 있는 거야."

어렴풋하게 이미지가 그려졌다. 엔을 사용하는 사람이 전 세계에서 일본에만 있다는 점. 그리고 일본에는 1억 명 이상의 사람이 살고 있다는 점.

"반대로 외국 돈을 준다고 해도 그걸 엔이랑 교환할 수 없다면 일하려고 하지 않겠지."

보스의 이야기를 듣는 동안 엔에 가치가 있다고 굳게 믿고 있었음을 깨닫고 묘한 기분이 들었다. 하지만 일본에 있는 모두가 엔을 원하기 때문에 우리는 이 돈을 사용해서 일본에서 살아갈 수 있다고도 말할 수 있다.

문득 한 가지 아이디어가 유토의 머릿속에 떠올랐다.

"그렇다면 모든 나라가 똑같은 돈을 사용하면 되잖아요. 그럼 서로 도울 수 있으니까요."

그 제안에 보스는 눈을 크게 뜨고 놀란 표정을 지었다.

"꽤나 예리한 지적이구나. 하지만 문제도 있어. 돈은 세금을 걷는 것과도 관계가 있으니 다른 나라에서 똑같은 돈을 사용하기는 어렵지. 하지만 그러려고 노력 중인 곳이 유럽이야. 나나미 씨는 외화도 다루지?"

느닷없이 이야기의 방향이 나나미를 향했지만 그녀는 당황하지 않고 대답하기 시작했다.

"유로 말씀이군요. 저희 회사에서 거래하는 외화 중에 달러 다음으로 거래량이 많은 게 유로예요. 과거 유럽에서는 프랑스는 프랑, 독일은 마르크, 이탈리아는 리라처럼 나라마다 서로 다른 통화를 사용했어요. 그러다가 유로라는 통화로 통일해서 경제를 발전시킨 거죠."

일 이야기를 막힘없이 하는 나나미의 옆얼굴이 유토의 눈에는 멋져 보였다. 보스 역시 그녀의 이야기를 흐뭇해하며 듣고 있다.

"나나미 씨 말대로야. 무역을 하려면 같은 돈을 사용하는 게 편리하지. 유럽 국가들을 보면 어떤 나라는 옷을 잘

만들고, 어떤 나라는 자동차를 잘 만드는 식으로 각각 특
징이 있어. 그래서 다 같이 유로를 사용하기로 하고 더 많
은 사람들끼리 서로 협력하는 경제권을 만든 거야."

유토의 머릿속에서 돈에 대한 사고방식이 바뀌기 시작
했다.

지금까지 차가운 것이라고 생각한 돈에는 모두를 연결
하는 힘이 있다. 돈의 따스함이 느껴지는 듯했다.

◎ 보스의 정체

"돈 자체에는 가치가 없다"는 말의 의미를 드디어 이해
했다.

첫 번째 수수께끼를 해결해서 한숨 돌린 유토는 다 식
어 버린 홍차를 마저 마시고 눈앞의 파운드케이크를 두
입에 먹어 치웠다.

"잘도 먹는구나. 내 몫까지 먹어도 좋아."

보스는 손대지 않은 자신의 접시를 내밀었다. 그리고 한
입밖에 먹지 않은 나나미에게는 걱정스러운 듯 말했다.

"오늘도 배가 안 고픈 건가?"

그러나 그녀는 전혀 다른 이야기를 하기 시작했다.

"저는 사람들이 서로를 도우며 살고 있다는 말은 허울 좋은 말이라고 생각해요. 곤란할 때 도움이 되는 건 돈이에요. 살아가려면 아무래도 돈에 의지할 수밖에 없어요."

나나미에게는 어떤 강한 신념이 있는 듯하다. 천천히 말하면서 스스로를 고무시키고 있는 것처럼 보이기도 한다.

그녀의 말 한 마디 한 마디를 보스는 다정한 눈빛으로 소중하게 받아들이고 있었다.

그리고 나나미는 마지막으로 힘주어 말했다.

"그래서 저는 돈을 벌고 싶어요."

그녀의 말은 오늘 보스가 한 이야기를 완전히 부정하는 것이었다. 적어도 유토에게는 그렇게 들렸다. 그러나 보스는 반론하지 않고 차분하게 말했다.

"나나미 씨가 그렇게 느끼는 것도 당연해. 그건 다음 번에 천천히 이야기하지."

"네. 다음 주쯤 또 연구소로 찾아뵐게요."

나나미의 말을 듣고 유토는 뜻밖의 사실을 깨달았다.

"네? 여기가 연구소인가요?"

양손으로 깍지를 낀 보스가 눈을 둥그렇게 뜨고 대답

한다.

"여기는 '돈 너머의 연구소'야."

"돈 너머의 연구소라고요?"

기묘한 이름에 유토는 고개를 갸우뚱했다.

"그래. 내가 설립한 연구소지. 경제에 대해 연구하면서 투자를 하고 있어."

"그 말은 보스가 소장님이라는 말인가요?"

나나미가 갈색 눈동자가 놀란 얼굴의 유토를 향했다.

"뭐야, 그것도 모르면서 보스라고 불렀던 거야? 보스는 영어로 소장이라는 뜻이야."

그 말을 듣자 유토의 어깨에서 힘이 쭉 빠졌다.

"아니, 미리 좀 말씀해 주세요. 보스라고 불리길래 약간 수상한 조직에 속한 사람이 아닐까 걱정했어요."

"뭐야, 평판이 나쁘네. 지금은 나쁜 짓은 안 해. 와하하하하."

방 안이 보스의 웃음소리로 가득찼다. 유토도 덩달아 웃었지만 '지금은'이라는 말이 마음에 걸렸다.

이날 한 가지 더 걸리는 점이 있었다.

보스가 유토의 부모님의 직업을 물을 때 "유토 군의 부모님은 어떤 장사를 하고 계시지?"라고 한 점이다. 직장에

다니는 게 아니라 장사를 한다는 걸 전제로 물은 것이다.

어쩌면 돈까스를 먹으러 온 적이 있을지 모른다. 하지만 그랬다면 솔직하게 말했을 것이다. 이때는 이 사실을 숨길 이유가 있으리라고는 생각지도 못했다.

제1장

요약 정리

☐ 세금을 도입함으로써 돈(지폐)이 필요해진다.

☐ 걷은 세금을 정부가 사용함으로써 돈이 순환한다.

☐ 돈은 개인에게는 가치가 있지만 전체의 관점에서는 가치가 없다.

☐ 돈에 의해 서로 돕는 사회가 실현되고 있다.

2

돈으로 해결할 수 있는
문제는 없다

부자의
마지막
가르침

◯◯◯ ——————————————— 스마트폰의 알람을 멈추고 눈을 뜨자마자 유토는 향기로운 냄새 덕분에 아침 메뉴를 짐작할 수 있었다.

식탁에 앉자 먼저 앉아 있던 부모님이 동시에 "잘 먹겠습니다"라고 말했다. 테이블 정중앙에는 예상대로 군만두가 탁 놓여 있었다.

사쿠마네 집 조식에는 햄버그스테이크나 튀김이 나오기도 한다. 점심과 저녁에는 돈까스 가게가 영업 중이기 때문에 가족이 모여 함께 식사할 수 있는 시간은 아침밖에 없다. 그래서 전골 같은 메뉴는 아침에밖에 먹은 적이 없다. 드라마에서 저녁 식사로 전골을 먹는 장면을 보면 겨울에 빙수를 먹는 듯한 위화감을 느낀다.

TV 정보 프로그램이 오늘의 별자리점을 소개하고 있었다.

엄마는 사수자리의 행운의 아이템을 보고 "누가 금색 모자 같은 걸 쓰겠어" 하고 트집을 잡더니 만두에 폰즈 소스를 찍어서 흰 밥 위에 올렸다.

가볍게 술술 이야기하는 엄마와는 정반대로 아버지는

늘 말이 없다. 하지만 아주 조용한 것과는 또 다르다. 가끔 하는 말은 쇠구슬처럼 둔탁하고 무겁다.

이때도 그랬다.

늦은 밤까지 공부한 수험생 형이 드디어 자리에서 일어났을 때 세 사람의 식사는 아직 끝나지 않았다. 된장국을 다 마신 아버지는 그릇을 내려놓더니 조용히 입을 열었다.

"너는 제대로 밥벌이하는 사람이 되거라. 좋은 대학에 가고 좋은 회사에 들어가라."

형이 "응"이라고만 대답하고 만두를 입에 넣었다.

"너는"이라는 말을 들은 순간 자신과 비교를 하는 거라고 생각했다. 하지만 금세 아니라는 걸 깨달았다.

그것은 지난밤의 일이었다.

침대 위에서 유토는 수학자가 살해당하는 추리소설을 읽고 있었다. 그때 1층 돈까스 가게가 소란스러워졌다. 궁금해진 유토가 계단 위에서 아래의 상황을 내려다보자 취객이 어머니에게 트집을 잡고 있었다. 요리를 다시 만들어 오라고 화를 내는 것이었다. 아무래도 맥주를 마시는 사이에 돈까스가 식은 듯하다.

아무리 생각해도 말도 안 되는 얘기다. 하지만 "손님은 왕"이라는 어머니는 늘 가게의 평판을 신경 쓴다.

이때만 해도 "죄송합니다. 금방 새로 만들어 드릴게요"라고 말하며 잔뜩 취한 왕에게 사죄하고 있었다. 어머니의 목소리는 조심스러웠고 아버지가 탁탁 돈까스를 튀기는 소리가 들려왔다.

지난밤의 아버지는 분명 지금과 똑같은 표정을 지었을 것이다. "제대로 밥벌이하는 사람이 되거라"라는 말에 가슴이 단단히 죄어드는 듯했다. 이루 말할 수 없는 아버지의 원통함이 전해져 왔다.

자리에서 일어난 아버지는 말없이 식기를 정리했다. 그리고 그 뒷모습은 어두운 계단으로 점점 사라졌다. 1층 주방에서 재료 준비를 하는 듯했다.

2층은 TV에게 말을 거는 명랑한 어머니의 목소리로 에워싸였다. 그러나 유토의 가슴에는 아버지가 떨어뜨린 쇠구슬이 남아 있었다.

◎ 돈은 대단하지 않다

토요일 오전 저택 내 보스의 방이 홍차 향으로 가득 찼다. 잠시 후 유토의 맞은편에서 희미하게 양주의 향기가 맴돌았다.

"자, 오늘은 두 번째 수수께끼구만. 돈이 해결해 주는 문제는 없다는 얘기지."

"그 말은 돈만으로는 해결할 수 없는 문제도 있다는 의미죠?"

나나미가 확인하듯이 물었지만 보스는 고개를 저었다.

"아니, 틀렸어. 말 그대로야. 어떤 문제도 돈으로는 해결할 수 없어."

머뭇거리듯 유토가 "하지만" 하고 중얼거리자 곧바로 보스가 유토에게 시선을 돌렸다.

"오, 유토 군도 나나미 씨와 똑같은 의견인가 보구만."

"왜냐면 그렇잖아요. 돈이 이런저런 문제를 해결해 주니까 다들 돈을 원하고, 손님이 왕이 되는 셈이니까요."

유토의 말에 보스는 어떤 냄새를 맡은 듯했다.

"호오, 손님이 왕이라니. 뭐야, 납득을 못 하는 것 같은데?"

유토는 예전에 있었던 일을 떠올리면서 이야기하기 시작했다.

"저희 돈까스 가게에 오는 손님 중에는 아주 거만한 사람도 있어요. 어머니는 손님은 왕이라고 말씀하지만……."

"그 거만한 손님은 그야말로 돈이 문제를 해결해 준다고 생각한다고 볼 수 있지."

보스가 그렇게 말하자 유토는 쌓아 두었던 불만을 쏟아냈다.

"돈이란 게 그렇게 대단한가요? 밥을 만들어 준 건 우리 부모님이에요. 일하는 사람에게 감사해야 한다는 건 애들도 알아요. 그런데 어째서 가게에서는 그 반대인가요? 감사함을 느껴 달라고는 하지 않겠지만 돈을 지불했다고 해서 거드름을 피우는 이유를 정말 모르겠어요!"

서서히 감정이 복받쳐 올랐다. 유토는 계속 이어갔다. 손님이 얼마나 거드름을 피우는지, 얼마나 말도 안 되는 요구를 하는지, 또 부모님이 얼마나 참으면서 일하고 있는지를 거침없이 쏟아냈다.

보스는 끼어들지 않고 고개를 끄덕이면서 이야기를 들어 주었다. 이야기를 하다 보니 형과 자신이 학교나 학원에 갈 수 있는 것은 전부 부모님 덕분이라는 생각도 들었다.

유토가 이야기를 끝낸 듯하자 보스가 입을 열었다.

"나는 돈이 대단하다고는 생각하지 않아. 도덕에 대한

이야기가 아니라 감정을 배제하고 냉정하게 생각한 결론이야. 하지만 냉정하게 생각하려면 우선 유토 군도 그 손님과 똑같은 생각을 한다는 점을 깨달아야 해."

"똑같은 생각이라니 말도 안 돼요."

거드름 피우는 손님과 똑같은 취급을 당하다니 뜻밖이었다. 유토는 고개를 크게 가로저었지만 보스는 그 주장을 굽히지 않았다.

"그야말로 자네가 방금 한 얘기야. 학교나 학원에서 공부할 수 있는 게 다 부모님 덕분이라고 생각하는 건 거드름 피우는 손님과 근본적으로는 똑같고, 돈이 해결해 준다고 생각하고 있는 거야. 하지만 진실은 달라. 돈으로 해결할 수 있는 문제는 존재하지 않아. 그게 바로 두 번째 수수께끼지."

보스의 주장은 이해할 수 없었다. 그저 "거드름 피우는 손님과 근본적으로 똑같다"는 말을 들어서 유토는 짜증이 났다. 하지만 그 후에 이어진 보스의 생뚱맞은 행동이 그 짜증을 날려 버렸다.

보스는 한 손으로는 홍차를 머금은 도넛을, 다른 한 손으로는 안쪽 주머니에서 꺼낸 지폐 뭉치를 치켜 올렸다.

"백만 엔과 도넛, 문제를 해결할 수 있는 건 어느 쪽이라고 생각하나?"

유토의 시선이 백만 엔과 도넛 사이를 두 번 왕복한다.

"그야 당연히 백만 엔이죠."

순간적으로 그렇게 대답했지만 싱긋 웃는 보스의 얼굴을 보고 유토는 바로 정정했다.

"아, 아니. 잠시만 기다려 주세요."

◎ 백만 엔과 도넛의 문제 해결력

유토는 질문의 진의를 파악하지 못했다. 백만 엔이 있다면 도넛 따위는 만 개라도 살 수 있을 것이다. 갈색 재킷을 입은 나나미도 팔짱을 끼고 굳어 있었다. 오늘은 토요일이라 그런지 정장 차림이 아니다.

모처럼의 휴일인데 그녀는 아침 7시에 신칸센을 타고 왔다고 한다. 그렇게까지 해서 올 이유가 대체 무엇인지 궁금했다. 보스의 이야기를 듣는다고 해서 돈을 벌 수 있을 것 같지도 않고, 보스의 재산을 노리는 것 같지도 않다. 뭔가 다른 동기가 있는 걸까.

범인의 동기가 생각지도 못한 곳에 있다는 건 추리소

설에서 종종 볼 수 있는 이야기다. 어제 본 미스터리 웹드라마에서도 범인이 불을 지른 이유는 과거의 사건을 재수사해 주길 바라서였다.

유토의 망상이 점점 부풀기 시작했을 때 경직돼 있던 나나미가 "저……" 하고 말하며 움직이기 시작했다.

"예전에 이 방에 가둬서 배가 고프게 만든다는 이야기를 했었죠. 만약 똑같이 감금당한 상태라면 도넛으로는 주린 배를 채울 수 있지만 백만 엔으로는 배를 채울 수 없어요. 결국 그 말은……."

"그 말은?"

보스가 장단을 맞췄다.

"돈으로 문제를 해결할 수 있는 건 그 돈을 쓸 수 있을 때뿐……이라는 말일까요?"

"호오"라고 말하며 보스의 얼굴이 피었다.

"돈을 쓸 땐 받아 주는 사람이 있지. 그 사람이 일을 해줘서 문제가 해결되는 거야. 당연한 듯하지만 아주 중요한 점이야. 그러니까 아무도 일해 주지 않는 무인도에 돈을 가져가는 사람은 없을 거야."

유토는 동의했다. 혼자든 둘이든 100명이든 무인도에 간다면 돈은 분명 가져가지 않을 것이다. 하지만 일본에 있는 1억 2천 만 명이 다른 섬으로 이주한다면 돈을 가져 갈 것이다. 무슨 차이가 있는지 생각하고 있는데 보스가 이야기를 이어 갔다.

"돈을 쓴다는 것에 대해서 깊게 생각할 필요가 있어. 다른 사람의 존재를 깨달아야만 해."

"필수 인력에 대해 말씀하시는 건가요?" 하고 나나미가 물었다.

들어 본 적 없는 말에 유토가 당황한 표정을 짓자 그녀는 덧붙였다.

"의료종사자나 운송업자, 슈퍼마켓의 점원처럼 현장에서 일하는 사람이 있으니까 돈을 쓸 수 있다고 말씀하시려는 거죠?"

"물론 현장도 중요해. 하지만 그뿐만이 아냐. 지불한 돈의 너머에는 많은 사람이 있어. 돈으로만 해결할 수 있는 문제는 하나도 없어."

"돈으로 해결할 수 있는 문제도 있다고 생각하는데요……?"

나나미의 반론에 유토도 격하게 고개를 끄덕였다. 오히려 마음속에서는 돈으로 해결할 수 있는 문제가 대부분일 거라고 속삭이고 있었다.

◎ 돈 너머에 사람이 있다

"잠깐, 저쪽으로 갈까?"

보스를 따라 두 사람도 방 반대편에 있는 당구대로 이동했다. 하지만 그건 유토가 많이 봤던 당구대는 아니었다.

"이거, 구멍이 없네요."

그 당구대에는 당구공이 빠지는 사이드 포켓도 코너 포켓도 없었다.

"프렌치 당구대야" 하고 나나미가 가르쳐 주었다.

공을 줄줄이 맞히는 상급자용 게임에 사용되는 당구대라고 한다.

보스는 당구대 위에 굴러다니는 공을 모으려고 했지만 중앙 부근에 있는 빨간 공은 뒤꿈치를 들어도 닿지 않았다. 그 모습을 보지 못한 나나미가 유연하게 팔을 뻗어 재빨리 집어 올렸다.

"고맙네" 하고 인사하며 공을 받아든 보스는 기어오르 듯 당구대 테두리에 올라앉아 양손에 쥔 빨간색, 노란색, 흰색 공을 두 사람에게 보여 줬다.

"우리는 돈을 지불하고 도넛을 사지? 여기에 있는 세 개의 공이 도넛의 대금이라고 해 볼까. 그리고 나는 도넛 가게에서 일하는 사람이야. 돈을 지불해서 도넛이 생기는 게 아냐. 사실은 내가 그 돈을 받고 도넛을 만드는 거지. 다시 말해서 돈이 해결하고 있는 게 아니란 말이야."

"그건 알겠는데……" 하고 나나미가 가지런한 눈썹을 치켜 올린다.

"도넛 가게가 도넛을 만들려면 도넛의 재료인 밀가루를 구입해야 해요. 그때는 돈이 문제를 해결한 게 아닌가요?"

등줄기를 꼿꼿이 세운 그녀는 손가락을 턱에 대고 캐물었다. 어제 본 미스터리 드라마에 등장한 검찰관이 떠올랐다.

"맞아. 나는 밀가루를 사야 해. 이 세 개 중에서 두 개를 밀가루 공장에서 일하는 나나미 씨에게 주는 거지."

보스는 빨간색 공만 앞에 남기고 노란색 공과 흰색 공을 굴린다. 두 개의 공은 녹색 평면 위를 굴러 나나미의 손에 들어갔다.

"돈으로 밀가루를 손에 넣은 것처럼 보이는 건 내 시점이야. 실제로는 그 돈을 받은 나나미 씨가 밀가루를 만드는 거지."

"그건 그런데 밀가루의 재료인 밀은……."

그렇게 말하다가 나나미는 무언가를 깨달은 듯했다.

"아하, 거기에서도 시점을 바꿔야 하는 거군요."

"그렇지. 밀 또한 만들어 주는 사람이 존재하지. 자, 그럼 유토 군이 밀을 재배한다고 해 볼까."

보스의 말을 듣고 나나미는 두 개의 공 가운데 오른손에 쥐고 있던 흰색 공을 유토의 앞쪽으로 굴렸다.

"그 흰색 공은 밀 농가의 수입이야. 여기에는 원료는 없어. 밀 자체는 자연의 은혜와 밀 농가인 유토 군의 노동으로 만들어지는 거야."

유토가 흰색 공을 잡자 당구공은 한 사람당 하나씩 갖는 꼴이 되었다.

"저마다의 시점에서 본다면 도넛을 사거나 재료를 살 때 돈과 물건을 교환한 것처럼 보일 거야. 그런데 이렇게 하늘에서 전체를 내려다보면 완전히 틀렸다는 걸 깨달을 거야. 돈이 차례차례 흘러가서 도넛 가게, 밀가루 공장, 밀 농가에서 일하는 세 명에게 갔지. 결국 이 세 사람이 일을 해서 도넛이 완성되는 거야."

유토는 매끄러운 흰색 공을 손바닥 위에서 굴리면서 묘하게 감탄했다. 보스는 반론에 답하면서 세 개의 공을 정확히 다 사용했다. 모든 것이 그가 상정한 대로였다.

유토와 나나미는 보스의 손바닥에서 놀아나고 있었던 것이다.

◎ 다른 사람에게 패스한 풀 수 없는 문제

그런데 반드시 돈으로만 해결할 수 있는 문제는 정말 없는 걸까? 도넛을 만드는 공정을 상상하면서 유토도 검찰관이 된 기분으로 물었다.

"그밖에도 도넛을 굽는 오븐도 그렇고 밀가루를 나르는 트랙터도 많이 필요해요."

"당연히 실제로는 더 많은 사람이 관련되어 있지. 하지만 결국 똑같은 얘기야. 오븐도 트랙터도 지불한 돈의 너머에서 많은 사람이 일하고 있어. 원료를 따라 거슬러 올라가면 결국 자연에 존재하는 자원에 이르게 되지. 하지만 그 자원은 돈으로 산 게 아냐."

유토도 머릿속으로 거슬러 올라가 본다. 트랙터를 만들려면 철이 필요하다. 철의 원료인 철광석은 자연 곳곳에 존재한다. 트랙터를 움직이는 연료는 석유로 만들어진다. 석유 역시 자연에 존재하는 자원이다.

"듣고 보니 그렇네요……. 지불한 돈은 누군가가 받고 있네요."

당구공을 어떤 식으로 굴리든 당구대에서 사라지진 않는다. 사용한 돈을 받는 사람이 반드시 존재한다. 그 사실은 아주 중요한 것을 의미한다고 보스는 말한다.

"즉 반드시 누군가가 일하고 있다는 거야. 자판기도 그렇고 온라인 판매도 그렇고 지금은 노동이 눈에 잘 보이지 않는 경우가 대부분이지만 말야. 하지만 돈을 지불하는 한 누군가에게 문제를 해결해 달라고 부탁하고 있는 거야. 내가 공을 두 개 굴릴 때에도 마음속에서는 '살려줘'라고 생각하고 있던 거지."

"그게 무슨 말인가요?"

유토는 웃음을 참으면서 되물었다. 당구대에 다소곳이 앉은 보스가 공중에 뜬 양발을 바동거리며 '살려줘'라고 말하는 모습이 우스꽝스러워서였다.

"지금부터가 중요한 포인트야."

보스는 그렇게 말하더니 당구대에서 깡총 뛰어내려서 원래 앉아 있던 테이블로 돌아갔다. 유토와 나나미도 보스를 따라갔다.

"도넛 가게에서 일하는 나는 도넛은 만들 수 있어도 밀가루는 못 만들지. 그래서 나나미 씨에게 공을 두 개 주면서 부탁한 거야. 나나미 씨가 흰색 공을 유토 군에게 굴린 것도 같은 이유지."

"제가 밀을 재배할 순 없으니까 유토 군에게 문제를 해결해 달라고 부탁한 거군요."

"그렇지. 돈을 지불한다는 건 스스로 해결할 수 없는 문제를 다른 사람에게 패스하는 거야. 하지만 우리는 돈을 지불해서 문제를 해결한 것처럼 느끼는 거지. 그래서 거드름 피우는 손님이 등장하는 거고, 유토 군이 공부를 할 수 있는 건 돈을 지불하는 부모님 덕분이라고 생각하는 거야."

유토는 부모님의 패스를 받는 것은 누구인지 생각해 보았다.

"실제로는 학교 선생님이나, 교재나 문구를 만드는 사람처럼 다양한 사람들 덕분이라는 건가요?"

"그렇지. 그들에게 문제를 패스하고 있을 뿐이야."

패스라는 단어에서 유토는 오후에 열리는 축구 시합을 떠올렸다. 보스의 어깨 너머로 마침 시계 숫자판이 보였다.

책장의 낙타 탁상시계가 11시 20분을 가리키고 있다. 늦어도 12시에는 여기서 출발해서 역으로 향하면 시합에 늦지 않는다. 그렇게 생각하면서 유토는 눈앞의 도넛에 손을 뻗었다.

◎ 돈의 힘은 선택하는 힘

나나미는 다시 한번 검찰관 같은 예리한 눈으로 보스를 바라봤다.

"말씀하신 것처럼 문제를 해결하는 건 돈이 아니라 일하는 사람들일지 몰라요. 하지만 권력을 쥐고 있는 건 돈을 쓰는 사람들이나 예산을 결정하는 사람들이죠. 국가에서도 예산을 제안하는 재무부의 힘은 절대적이에요."

그녀는 조금씩 간격을 두면서 힘주어 말했다.

"역시 돈이야말로 힘이라고 생각해요."

돈이야말로 힘. 그 말은 유토에게도 확 와닿았다. "제대로 밥벌이하는 사람이 되거라"라고 했던 아버지의 말을 떠올렸다.

보스는 눈꼬리를 내린 다정한 얼굴로 나나미를 바라보고 있었다.

"나도 그 얘기를 하고 싶어. 돈의 힘이란 무엇인가. 방금 나는 '살려줘'라고 생각하면서 공을 굴렸는데 나를 구해 줄 사람은 아주 많아. 다른 밀가루 공장에 부탁해도 좋고 쌀가루를 사도 되지. 돈에 힘이 있다는 건 분명해. 하지만 그건 그저 선택하는 힘일 뿐이야."

"돈의 힘은 선택하는 힘이란 말인가요?"

나나미는 의미를 찾듯이 보스의 말을 반복했다.

"반대로 말하면 그렇다는 거야. 선택하지 못하면 돈은 힘을 잃어. 국가가 교육에 힘을 쏟으려고 예산을 늘려도 학교 선생님들이 없으면 아무 소용없어. 돈이 위대할 수 있는 건 일해 주는 사람들이 선택할 수 있을 때뿐이야. 재해가 일어나서 일할 수 있는 사람이 줄어들면 돈의 무력함을 깨달을 거야."

"확실히 그렇겠네요. 큰 지진이 일어나면 가게들이 영업을 해 주는 것에 감사함을 느끼죠. 필수 인력이라는 말을 사용하게 된 것도 코로나19 유행이 계기였잖아요."

"선택할 수 있다는 건 일상생활에서도 중요한 거야. 당시에는 그걸 만들 수 있는 사람이 없으니까 선택할 수 없었지."

아무리 돈이 많아도 일하는 사람이 없으면 세상은 돌아가지 않는다. 보스는 열변을 토했다. 두 사람의 대화를 열심히 듣던 유토는 문득 시선을 옮겼다. 보스의 뒤편에 있는 낙타 시계가 시야에 들어오자 유토의 얼굴에서 핏기가 가셨다.

"아니, 저 시계……."

유토의 흥분한 목소리를 듣고 보스는 뒤편의 책장을 돌아보며 대답한다.

"이 낙타 녀석, 나랑 닮아서 귀엽지? 아주 마음에 들어."

"큰일 났어요. 1시까지 시영 운동장에 안 가면 축구 시합에 늦어요."

당장 울음이라도 터뜨릴 것만 같은 유토에게 보스는 서툴게 윙크를 했다.

"걱정 안 해도 괜찮아. 차로 데려다 줄 테니."

◎ 나나미의 사정

유토는 안절부절못하며 보스의 차를 기다리고 있었다. 연구소 입구에 나나미와 함께 서 있는데 오고가는 사람들의 시선이 가끔 느껴졌다.

너무 다른 두 사람의 복장이 주변 사람의 시선을 끈 모양이다. 유토는 살짝 때가 탄 트레이닝복 차림에 색이 바랜 스포츠 가방을 어깨에 메고 있었다. 그에 반해 나나미는 패션지에 그대로 실릴 법한 차림이다.

　그녀는 구김 하나 없는 갈색 재킷과 새하얀 바지를 입었고 스카프를 두른 가방을 들고 있다. 세련된 그녀의 모습을 다시 한번 보고 유토는 복잡한 감정에 사로잡혔다. 정장과 가방이 언뜻 봐도 고가의 상품임을 알 수 있었기 때문이다.

　그녀와의 현격한 격차를 유토는 통감했다. 나나미든 보스든 자신과는 다른 세계에 사는 사람처럼 느껴졌다.

　잠시 후 아주 화려한 차가 나타났다. 분홍색에 벚꽃 모양이 그려진 자동차. 그 기묘한 차체에는 어째서인지 고등학교 이름이 적혀 있었다. 유토와 나나미가 얼굴을 마주 보고 서 있자 조수석의 창이 열리고 보스가 얼굴을 내밀었다.

　"사랑스럽지? 어서 타."

　차 디자인과 고등학교 이름에 대해서 묻고 싶었지만 두 사람은 재빨리 뒷좌석에 올라탔다. 화려한 외관과는 달리 차내는 지극히 평범하다.

"1시 전에는 도착하니까 걱정 마. 그 길로 나나미 씨도 역까지 데려다 주지."

보스는 그렇게 말하고 핸들을 잡은 남성과 오후의 일정과 일에 대한 이야기를 하기 시작했다.

나나미가 "바빠 보이시네" 하고 중얼거렸다.

뒷좌석에서는 희미하게 감귤 계열의 향수 냄새가 났다. 옆에 앉은 나나미와의 거리는 평소보다 훨씬 가깝다.

"나나미 씨는 일 때문에 바쁘시죠? 이렇게 자주 와도 괜찮으신가요?"

"이것도 일이야. 상사가 여기에서 공부하라고 하셨거든. 근데 조금 이상해."

그렇게 말하더니 나나미는 유토에게만 들릴 정도로 작게 속삭였다.

"처음 만났을 때 돈 버는 법에 대한 이야기는 일절 안 한다고 하셨잖아? 그걸 상사인 필립에게 그대로 말했더니 그래도 상관없으니까 계속 가라는 거야."

"돈을 못 벌어도 보스의 이야기를 들으면 돈 공부가 되기 때문인가요?"

"그것도 잘 모르겠어. 게다가 친구라고 하기에는 필립

은 보스에 대해 잘 모르는 것 같아. 뭔가 숨기고 있을지도 모르지만."

상사가 뭔가를 꾸미고 있는 걸까. 아니면 나나미가 뭔가를 숨기고 있는 걸까. 유토가 생각에 잠긴 사이 그녀는 가방에서 노트북을 꺼내서 일을 하기 시작했다.

시합에는 간신히 늦지 않았다.

차가 시영 운동장 부지에 들어서자 같은 팀 친구들의 모습이 보였다. 차창을 내리는 유토에게 친구들이 일제히 손가락으로 가리키며 목소리를 높였다. 그렇게 날 의지했나 싶어 유토는 가슴이 조금 뜨거워진다.

"이 차는 너무 튀는구만."

보스의 냉정한 한마디에 분홍색 외관을 떠올렸다. 가슴보다 얼굴이 뜨거워졌다.

◎ 돈을 과신하는 나라의 말로末路

"지난주에 열린 축구 시합은 어땠나?"

보스가 그렇게 물어온 것은 한 주 뒤 보스의 방을 방문했을 때였다.

"아쉬웠어요. 간발의 차로 졌거든요."

7대 1이라는, 축구 스코어라고는 도저히 믿을 수 없을 만큼 큰 차로 졌다고는 창피해서 말할 수 없다.

"간발의 차라면 어느 정도지?"

뜻밖에 물고 늘어지는 보스에게 유토는 다른 이야기를 꺼내면서 어물어물 넘겼다.

"그러고 보니 우리 축구팀 감독님도 돈을 내고 거만하게 구는 손님과 똑같다고 생각해요."

나나미가 키득 웃으며 "그게 뭔 소리야?" 하고 받아쳤다.

"보세요, 돈의 힘은 선택하는 힘이라고 하셨잖아요. 감독은 선수나 작전을 선택하죠. 저희 감독님은 늘 터무니없는 지시를 하고 그걸 못 해내면 금세 화를 내요. 본인은 리프팅도 제대로 못 하는 주제에……. 거드름 피우는 손님이랑 다를 바가 없어요."

보스는 양주가 섞인 홍차를 한 손에 들고 감탄하며 듣고 있었다.

"아주 훌륭한 진단이야. 돈을 지불하는 측과 받는 측의 관계는 그야말로 감독과 선수의 관계와 비슷하지. 감독이 아무리 땅땅거려도 그걸 실행하는 건 선수야. 돈이 아무리 많아도 소용없어. 그걸 모르고 돈의 힘을 과신하면 국가마저 파멸될지도 몰라."

그렇게 말하고 나서 보스는 찻잔을 내려놓고 주머니에서 무언가를 꺼냈다.

보스가 테이블 위에 올려 둔 것은 한 장의 지폐였다. 그런데 보통의 지폐와는 모양이 다르다.

"이거, 엄청나게 큰 돈 아닌가요?"

눈을 동그랗게 뜨고 유토는 곧바로 자릿수를 세어 본다.

"일, 십, 백, 천, 만…… 백 조? 이거 설마 백 조 달러 지폐인가요?"

"정확히는 백 조 짐바브웨 달러지."

이번에는 두 사람의 반응을 멀리서 지켜보던 나나미가 반응한다.

"짐바브웨는 2003년 이후 한동안 하이퍼인플레이션이 계속됐죠."

"역시 잘 알고 있구만. 물가가 급격하게 치솟아서 지폐가 가치를 잃고 종잇조각이나 다름없어졌지. 이 지폐는 1엔의 가치도 없어. 이런 하이퍼인플레이션은 역사적으로 여러 번 일어났어. 가장 유명한 건 제1차 세계대전 후의 독일이야."

"저, 그때의 사진들을 책에서 본 적 있어요."

아는 얘기가 나와서 유토는 기뻤다. 얼마 전 방문한 도서관에서 읽은 책에도 독일의 하이퍼인플레이션 이야기가 나왔다.

"쇼핑을 갈 때 카트에 엄청나게 많은 돈을 싣고 가야 했죠. 하지만 사고 싶은 건 거의 살 수가 없어서 아주 괴로운 나날을 보냈대요."

유토의 말에 고개를 끄덕이면서 보스는 그 지폐를 손에 들고 선언이라도 하듯 소리를 질렀다.

"이 지폐야말로 돈이 힘이라고 굳게 믿는 인간의 어리석음을 상징하지."

감정이 격해지는 보스에 반해 나나미는 차분한 목소리로 물었다.

"일반적으로는 하이퍼인플레이션은 지폐의 대량 발행이 원인이라고들 하는데 그렇지 않다는 말씀이군요."

"본질은 그게 아냐. 돈에 대한 과신이 이런 어처구니없는 지폐를 탄생시킨 거야. 그래서 같이 생각해 봤으면 하는 문제가 있는데, 이번엔 좀 어려운 문제야."

어려운 문제라는 말에 반응한 유토는 보스의 말을 기다렸다.

◎ 지폐로 메울 수 없는 생산력

보스는 신발을 벗고 의자 위에서 책상다리를 하고 앉았다.

"여기에 100명이 살고 있는 나라가 있다고 해 볼까? 다들 아침저녁 합쳐서 매일 빵을 두 개씩 먹지. 그런데 어느 날 갑자기 빵 가격이 치솟아서 전 국민이 불만을 호소했어. '빵 가격이 올라서 이제 빵을 하나밖에 살 수 없으니 문제를 해결해 달라'고 말야. 그래서 정부는 국민들이 빵을 살 수 있도록 돈을 인쇄해서 나눠줬어. 하지만 이 사태를 해결하지 못했지. 왜일까?"

유토는 당황했다. "문제는 그게 다인가요?"라고 말하고 싶어졌다. 돈이 부족하다면 그저 나눠주면 문제는 당연히 해결될 것이다. 하지만 아무리 생각해도 실마리가 보이지 않았다.

조용해진 방에서 유토는 생각하는 데 지쳐 있었다. 곧이어 관자놀이에 손가락을 대고 있던 나나미가 빼꼼 의문을 제기했다.

"빵 값은 왜 치솟은 건가요? 직업병 때문인지 가격이 변한 이유가 궁금하네요."

"꽤나 예리한 지적이구만. 힌트를 하나 주자면 빵의 개수에 주목해 봐."

보스의 말을 듣고 유토도 이내 생각해 본다. 한 사람당 두 개 먹었던 것이 하나가 된다. 모두 합해 200개 살 수 있던 것이 100개로 줄어든다. 하지만 그 이상 뭘 어떻게 생각해야 좋을지 알 수 없었다.

그때 "아!" 하는 높은 소리와 함께 나나미가 갈색 머리카락을 쓸어 올렸다.

"재해가 일어나서 빵 생산이 줄어든 거군요."

유토는 의자에서 떨어질 뻔했다. 설마 그녀가 농담을 할 거라고는 생각지도 못했기 때문이다.

"멋대로 재해를 일으키지 말아 주세요" 하고 추궁하려 하는데 보스가 '짝짝짝' 하고 크게 손뼉을 쳤다.

"훌륭해. 정답이야."

"잠, 잠시만요. 재해가 일어났다고는 말씀 안 하셨잖아요."

의아해하는 유토에게 나나미가 순서대로 설명해 주었다.

"애초에 생산된 빵은 200개였지. 그런데 가격이 치솟은 다음에 실제로 팔린 건 100개뿐이지. 남은 빵이 있다면 팔아야겠지? 하지만 그게 없다는 말은…….."

나나미는 순간 말을 멈추고 유토의 눈을 바라보았다.

"재해가 일어나거나 다른 어떤 사정 때문에 빵 생산량이 100개로 줄어든 게 아닐까? 그러니까 돈을 나눠줘도 국민들에게 빵이 두 개씩 분배되지 않는 거지. 돈을 나눠주면 나눠줄수록 다들 빵을 손에 넣기 위해 더 많은 돈을 지불하려고 하니까 가격만 오를 뿐 문제는 해결되지 않는 거야."

"우와, 그렇구나."

유토는 너무 분한 나머지 머리를 싸쥐었다. 명탐정에게 선수를 뺏긴 형사의 기분을 알 것 같았다.

"그래도 잘 이해가 안 간다면 사쿠마 달러를 떠올려 봐. 돈은 그저 종잇조각이야. 돈의 힘에 유혹당하면 안 돼."

보스의 말대로였다. 사쿠마 달러를 나눠준다고 해서 식량 부족이 해결될 리 없다. 그런데 돈이라고 하면 뭔가 특별한 힘이라도 있는 것 같은 기분이 든다. 보스가 계속해서 설명을 이어갔다.

"하이퍼인플레이션 때문에 실패하는 나라는 생산력 부족을 돈이라는 종잇조각으로 메울 수 있다고 착각한 나라야. 하지만 돈이 빵으로 변할 리 없지. 자연의 은혜나 일을 하는 사람들의 생산력 덕분에 만들 수 있는 거야. 짐바브웨 국민들의 생활이 어려워진 이유는 돈이 너무 많이 늘어나서가 아냐. 물건을 만들 수 없는 상황이 되었기 때문이지.”

얼추 해설이 끝나자 책상다리를 하고 앉아 있던 보스가 자세를 고쳐 앉았다. 그리고 “자, 유토 군” 하고 다시 한번 말을 이어갔다.

“앞서 예로 든 100명이 사는 나라 이야기에는 뒷이야기가 있어. 돈이 위대하다고 믿는 사람들은 돈을 더 나눠 딜라고 소리치고 데모 행진을 했지. 하지만 나머지 사람들은 재해로 파괴된 빵 공장을 부지런히 복구했어. 어느 쪽의 행동이 옳을까? 명백하지? 이게 바로 ‘돈은 위대한가’라는 자네의 질문에 대한 답이야.”

돈까스 가게에서 거드름을 피우던 손님이 돈을 나눠 달라고 소리치는 멍청한 사람들과 겹쳐 보였다. 그리고 공장을 복구하는 사람들 속에서 부모님의 모습이 보였다.

가슴속의 납덩이가 조금 녹아내린 듯했다.

◎ 경세제민이라는 착한 경제

새로 우린 홍차가 나오자 세 사람은 한숨을 쉬었다.

그때 나나미가 자신의 이야기를 시작한 것은 보스의 무심한 한마디가 계기였다.

"꽤나 멋진 손목시계구만."

시폰케이크를 먹는 나나미의 손목에서 수수한 진주색 문자반이 빛나고 있었다. 유토의 눈에는 겉치레라도 멋져 보이진 않았다. 낡아서 오히려 그녀의 착장에는 어울리지 않아 보였다.

그러나 보스의 그 한마디 말 때문에 그녀는 미소를 지으며 평소의 빈틈없는 표정을 풀었다.

"감사합니다. 하지만 오래된 디자인이에요."

자연스러운 본모습을 보여준 그녀는 반가워하듯 손목시계를 만지고 있었다.

"어머니 유품이에요. 어머니는 반 년 전에 병으로 돌아가셨어요."

"이거 참 쓸데없는 걸 물어봤구만……" 하고 보스는 당황한 표정을 지었다.

"아니에요. 오히려 물어봐 주셔서 기뻐요. 누가 묻지 않으면 할 수 없는 얘기니까요. 아무한테도 말하지 않으면 어머니의 존재가 사라져 버릴 것 같아서 불안해져요."

목소리를 낮추고 이야기하던 나나미는 거기에서 입을

다물었다.

"그렇구만…… 분명 멋진 어머니셨겠지."

부드러운 시선과 함께 다시 한번 보스가 다정하게 말을 걸었다.

그 말이 불쏘시개가 된 것인지 갑자기 스위치라도 켜진 듯 나나미는 차분하게 이야기하기 시작했다.

"제게 어머니는 유일한 버팀목이었어요. 그런 어머니가 돌아가시자 무릎이 무너졌다고 할까. 발이 땅에 붙은 채로 무너져 버렸어요. 다시 일어서려고 했더니 이번에는 확실한 것, 사라지지 않는 걸로 지탱하고 싶다는 생각이 들어서……. 그게 돈이 되기도 했고, 일을 미친 듯이 해 보기도 했어요. 하지만 이대로 괜찮은 건가 하는 생각이 들 때가 있어요."

보스는 몇 번씩 "그렇구만, 그래" 하고 다정하게 고개를 끄덕이면서 듣고 있었다.

유토는 그 대화를 가만히 듣고 있을 수밖에 없었다. 나나미가 안고 있는 마음의 병을 어디까지 이해했는지 알 수 없지만 그녀의 말이 마음에 스며들었다.

"죄송해요. 쓸데없는 얘기를 해 버렸네요."

나나미는 양손으로 얼굴에 감싸고 그대로 머리카락을

쓸어 올린 후 천천히 숨을 내뱉었다.

그녀는 다시 포크를 손에 들고 "이 케이크 맛있네요"라고 말하며 웃어 보였다.

그리고 남은 시폰케이크를 재빨리 입에 넣고 또 빈틈없는 얼굴로 돌아갔다.

보스가 뒤편 선반에서 두꺼운 종이를 한 장 꺼낸다.

그리고 만년필로 '경세제민經世濟民'이라고 크게 적었다.

"이렇게 쓰고 경세제민이라고 읽지. 세상을 손에 넣어 민생을 구한다는 의미야. 경제는 경세제민의 줄임말이지. 본래 경제는 모두가 협력해서 일해서 모두가 행복해지는 거야. 그 손목시계만 해도 많은 사람이 일해 준 덕분에 나나미 씨의 어머니가 행복해진 거야. 그 행복을 이번에는 나나미 씨가 이어받고 있는 셈이지."

손목시계를 바라보던 나나미가 고개를 들었다.

"그런 말을 들으니 경제는 다정했으면 좋겠어요. 하지만 실제 경제는 GDP를 늘릴 생각만 하고 그리 다정하진 않은 것 같아요."

보스의 "흠" 하는 맞장구를 기다리고 나서 나나미는 계속 이어갔다.

"이 손목시계는 제게는 물론 소중한 것이고 계속 사용하고 싶어요. 하지만 그럼 GDP는 늘지 않죠. 경제를 위해서는 이 시계가 고장 나서 빨리 새로운 시계를 사는 편이 좋을 거예요. 사람의 감정을 무시하는 것 같아서 왠지 모르게 차가운 세계처럼 보이지만······."

◎ 점수에 홀린 현대 사회

너무 기본적인 질문이라고 생각했지만 유토는 과감히 물었다.

"GDP라는 게 그렇게 중요한가요?"

"좋은 질문이야. 근본부터 의심해서 생각하는 건 정말 중요하지."

유토의 걱정에 반해 보스는 기뻐하며 대답했다.

"이 GDP라는 건 1년간 나라 안에서 쓴 돈의 총액이야. 그건 생산한 물건의 총액이기도 해. 많은 물건을 만들면 생활도 풍족해지지. 그러니까 어쨌건 돈을 써서 GDP를 늘리면 되는 거야. 그렇게 생각하는 게 지금의 사회에서는 당연해졌어."

당연하다는 말을 들어도 유토는 이해하지 못했다.

"하지만 그럼 너무 아까워요. 손목시계를 아직 쓸 수 있는데 새로 사는 게 좋다니. 아무도 행복해지지 않고 쓸데없는 일을 늘릴 뿐이기도 하고요."

"유토 군의 의견은 그야말로 경세제민의 발상이구만. 나도 그렇게 생각해. 하지만 우린 늘 점수에 현혹되지. 기본으로 되돌아가서 본래의 목적을 생각해야만 해."

"점수라는 건 그 GDP를 말하는 건가요?"

"그뿐만이 아냐. 뭐든 똑같은 얘기지. 학교 시험이든 '좋아요' 개수든 점수를 버는 데 열중하면 본래의 목적을 잊어버리게 돼. 좋은 점수를 얻으려고 암기만 하면 학력은 붙지 않아. '좋아요'를 늘리고 싶어서 사진을 찍는 데 몰두하면 지금 이 순간을 즐길 수 없어. 그와 마찬가지로 GDP를 목적으로 하면 가장 중요한 행복을 잊어버리는 거야."

나나미는 알 수 없는 표정을 짓고 있었지만 목소리는 평소보다 조용했다.

"하지만 어떻게 하면 좋을까요? 사람마다 행복의 평가 축은 다르니까요. 전체를 파악하기 위해서는 일단 GDP가 늘어나면 더 행복해졌다고 생각할 수밖에 없을 것 같아요."

"바로 그거야."

보스의 목소리에 힘이 실려 있다.

"중요한 건 지금 말했듯이 GDP는 '일단' 숫자에 불과하다는 점이야. 본래의 목적을 잊어선 안 돼."

유토는 그 말이 자신에게 하는 말이라고 생각했다.

지금까지 공부의 목적을 진지하게 생각한 적이 없었다. 시험에서 좋은 점수만 받으면 된다고 생각했고, 고등학교도 주변 친구들에게 표준 점수가 뒤지지 않는 정도의 학교를 선택하려고만 했다.

◎ 쓸데없는 일을 없애기 위한 조건

나나미는 아직 걸리는 게 있어 보였다.

"행복을 목적으로 삼는 게 좋다는 건 저도 동감해요. 그런데 현실적으로 소비가 줄어서 돈을 안 쓰면 세상의 일이 줄겠죠. 급여가 줄거나 실업자가 늘어날 거예요. 미래에 로봇이나 AI가 인간의 일을 빼앗는 것에 대한 공포도 지적되고 있어요."

돈을 벌 수 없게 되는 건 곤란하다. AI가 활약하는 미래에 유토는 불안감을 느꼈다.

그런데 보스의 생각은 완전히 반대였다.

"경제는 쓸데없는 일을 줄여 왔기 때문에 발전할 수 있었어."

"그게 무슨 말인가요?" 하고 나나미가 묻는다.

"옛날에는 많은 사람이 괭이나 가래를 들고 논밭을 일궜지. 그런데 트랙터 같은 기계가 생긴 덕분에 일이 갑자기 줄었어. 그렇게 손이 빈 사람들이 새로운 일에 뛰어들어 새로운 물건을 만들게 된 거야. 나나미 씨의 손목시계나 이 케이크가 좋은 예지."

보스의 접시에 시폰케이크는 그대로 남아 있었다. 그 위에 올라간 민트 잎을 바라보는 유토에게 의문이 싹텄다. 갖고 싶은 물건이나 필요한 것이 계속 생겨나면 일은 늘어날 것이다. '하지만' 하고 유토는 생각한다.

"새로운 일이 안 늘어나면 큰일 아닌가요?"

당연한 걱정이라고 생각했지만 그것이야말로 돈에 갇혀 있다는 증거라고 보스는 말한다.

"100명이 사는 나라의 이야기와 똑같아. 우리가 먹고 있는 건 돈이 아냐. 필요한 건 빵이지. 로봇이 활약해서 일이 줄어도 생산되는 빵은 줄기는커녕 늘어날 거야. 그런데 생활이 어려운 사람이 늘어난다면 빵을 함께 나눠 갖지 못하고 있다는 말이지. 모처럼 일을 줄였는데 회사에서 지위가 높거나 일 잘하는 일부 사람만이 득을 보는 상황이라고 할 수 있어."

"함께 나눠 갖는다고요……?"

그건 유토가 생각한 적 없는 시점이었다.

"그럴 수 없다면 불필요한 일을 만들어야겠네요. 지금 우리 사회는 정말 함께 나누는 사회일까요……?"

"그건 유토 군이 하기 나름이야. 자네들이 그런 사회를 만들어야지."

"아니, 아니."

유토는 무심코 웃었다.

"그런 사회를 만들라고 하셔도…… 저는 정치가가 될 생각도 없고……."

하지만 보스의 표정은 진지했다.

"사회는 정치가가 만드는 것도 아니고 누군가에게 주어지는 것도 아냐. 우리 스스로 만드는 거라고 생각해. 어떤 문제든 한 사람 한 사람이 협력해서 해결하고 있는 거야. 저마다의 의식이 바뀌어서 행동이 달라지면 사회는 달라질 거라고 생각해.”

보스가 하고자 하는 말은 이해한다. 하지만 무엇을 할 수 있을까. 이미지가 전혀 그려지지 않았다.

유토와 나나미가 연구소에서 나왔을 때 서쪽 하늘은 아직 조금 밝았다. 겨울에 접어들 무렵이라 공기는 조금 차다. 하지만 걷기에는 편안한 밤이었다. 나나미의 구두 소리가 조용한 밤거리에 울려 퍼졌다.

역으로 함께 걸어가면서 유토는 궁금했던 점을 물었다.

“보스가 그 저택의 가치를 알면 재산을 준다는 식으로 말했잖아요. 어째서 일면식도 없는 우리한테 준다는 걸까요. 그 말이 진심일까요?”

“그건 말야, 아마도 돈을 쓸 각오를 보는 게 아닐까?”

“돈을 쓸 각오요?”

“그래, 각오. 하지만 다른 의미가 있을지도 모르지. 내 상사가 나를 여기로 보낸 것도 어쩌면 관계가 있을지 몰라.”

“저도 그게 궁금했어요. 처음에 보스가 말했잖아요. 나나미 씨의 상사가 나나미 씨를 칭찬했다고. 어쩌면 후계자를 찾아서 양자로 삼으려는 게 아닐까요?”

“그럼 좋겠다! 그런 저택을 받을 수 있다면 나는 양자로도 들어갈 수 있어."

웃으며 대답하는 나나미의 얼굴을 바라보면서 유토도 상상해 봤다. 만약 자신이 후계자로 선발되면 부모님은 기꺼이 보내 주실까?"

빨간불로 바뀌길 기다리는데 누군가가 유토의 왼쪽 어깨를 툭툭 쳤다.

"저기 좀 봐. 너무 예쁘다!"

미소 짓는 나나미의 손끝에는 유토에게는 익숙한 산줄기가 펼쳐져 있었다. 그 바로 위에 오렌지색 보름달이 나와 있다.

도쿄에서는 높푸른 하늘에만 달이 보여서 하늘을 올려다보는 일은 거의 없다고 한다. 심지어 이렇게 느긋하게 걷는 일도 없다고 한다.

한동안 실없는 얘기를 나누며 걷다가 나나미의 스마트폰이 울리자 그녀는 유창한 영어로 말하기 시작했다. 전투 모드에라도 들어간 듯 그녀의 옆얼굴은 야무졌다.

역 앞에서 나나미와 헤어지고 유토는 주차장으로 향했다.

점심 때부터 계속 세워 두었던 유토의 자전거는 쓰러

져 있었다. 옆 자전거도 그 옆옆 자전거도.

"아, 정말 귀찮네."

자신의 자전거의 핸들을 잡고 전력을 다해 일으켰다. 페달을 밟아 돌아가려고 하는데 문득 보스의 말을 떠올렸다.

"사회는 우리 스스로 만든다."

유토는 다시 한번 "귀찮네. 정말"이라고 중얼거리면서 자전거에서 내린 후 쓰러져 있던 다른 자전거에도 손을 뻗어서 한 대씩 일으켜 세워 나갔다.

어떤 핸들은 무겁고 차가웠지만 조금이나마 사회를 파악한 것 같았다.

정면에 보이는 낮은 하늘에 조금 전 봤던 보름달이 빛나고 있었다.

제2장

요약 정리

□ 문제를 해결하고 있는 것은 돈 자체가 아니라 돈을 받는 사람들이다.

□ 돈이 상품으로 바뀌는 것이 아니라 자연 자원에 무수한 노동이 결부되어 상품이 생산된다.

□ 돈의 힘은 선택하는 힘이다. 문제를 해결해 줄 사람을 선택하는 것밖에 할 수 없다.

□ 불필요한 일을 줄여야 경제는 발전한다.

□ 성과를 함께 나눠 갖지 못하면 불필요한 일이 필요해진다.

□ 한 사람 한 사람이 사회를 만들고 있다.

돈에 대한 세 번째 수수께끼

다 함께 돈을 모아도
의미가 없다

부자의
마지막
가르침

바깥 공기를 쐬자 유토는 자신도 모르게 목을 움츠렸다. 겨울 방학이 시작되고 한층 더 추워진 듯했다. 바로 앞에 있는 후쿠다 서점에 간다고 코트도 걸치지 않은 채 나온 걸 조금 후회했다.

유토의 부모님은 책만큼은 아낌없이 사 준다.

자녀에게 책을 읽히려는 교육 방침 때문일 수도 있고, 그저 돈까스 가게의 단골손님인 후쿠다 씨 부부에게 감사하는 마음 때문일지도 모른다. 이날도 엄마가 후쿠다 서점에 간다고 하셔서 책을 사 달라고 하려고 따라나섰다.

"저기, 이거 좀 가르쳐 줘 봐."

서점에 들어가자마자 어머니는 후쿠다 아주머니에게 무언가 상담을 하기 시작했다. 유토는 두 사람을 곁눈으로 바라보며 "안녕하세요" 하고 입을 움직이고 나서 가게 안쪽으로 걸어 들어갔다.

서점 내부는 그리 넓지 않지만 유토가 제일 좋아하는 추리소설 코너는 충실하다. 반대로 말하자면 다양하게 구색을 갖춰 둔 진열 방식이 유토를 추리소설에 빠지게 했다고도 할 수 있다. 책장을 손가락으로 쓸어가며 궁금했던 책을 꺼내서 훑어보기를 반복했다.

결국 고른 책은 건축학과 조교수가 활약하는 두 권의 미스터리 소설이었다. 그리고 그것과 균형을 맞추기 위해 수학 참고서를 한 권 골랐다. 다 고르고 나서 뒤돌아보자 바로 옆 책장에서 후쿠다 아주머니와 엄마가 함께 책을 음미하고 있었다.

"저기, 이건 어때? 세금 얘기도 나와 있어."

아주머니가 집어든 책의 띠지에 '초심자', '투자'라는 단어가 눈에 띈다. 두 사람 앞에 있는 책장에는 돈을 모으는 법이나 늘리는 법에 관한 책이 놓여 있었다.

계산을 마친 후에도 두 사람은 한동안 계속 이야기를 나눴고 그 내용은 유토의 귀에도 들어왔다.

후쿠다 서점도 온라인 도서 판매나 전자책에 밀려 미래에 대한 불안감을 느끼고 있다고 한다. 그래서 아주머니도 돈 공부를 시작했다고 한다. 어머니는 연금만으로는 안심하고 노후를 맞이할 수 없다며 한탄했다.

집에 돌아오자 주방에서 아버지가 칼을 손에 들고 장승처럼 우뚝 서 있었다. 커다란 고기 덩어리와 대치하고 있었는데 돈까스용으로 고기를 저미려던 참인 듯했다.

유토에게는 익숙한 모습이었지만 집에 놀러 온 친구들이 그 모습을 보는 것은 늘 부끄러웠다.

영업 준비를 하는 아버지는 겨울에도 늘 흰 러닝셔츠 한 장 차림이다.

어머니는 소매가 있는 앞치마로 갈아입고 저녁 영업 준비에 들어간다. 후쿠다 서점의 종이백을 끌어안은 유토는 빠른 걸음으로 계단을 올라갔다.

형이 학원에서 돌아올 때까지 2층은 유토만의 공간이 된다. 어머니가 사 온 책을 식탁에 쌓아 올리자 가장 위에 놓인 책에 시선이 멈췄다. 표지에 적힌 '노후에 대한 불안'이라는 말이 궁금해져서 책장을 훌훌 넘겨 보았다.

한 페이지에 노인을 태운 가마를 짊어진 젊은 남녀의 일러스트가 그려져 있었다. 눌려 찌부러질 듯한 두 사람의 고통스러운 표정에 마음이 술렁거린다. 거기에는 연금 제도에 대한 설명이 적혀 있었다.

연금이란 유토가 이해한 대로라면 자녀들이 자신의 부모에게 용돈을 주듯 젊은 세대가 고령자를 지원하는 제도를 말한다.

30년 전에는 일하는 세대의 인구가 고령자 인구보다 다섯 배나 많았다고 한다. 다섯 명이 한 명의 고령자를 책임지면 되기 때문에 부담은 크지 않다. 그러나 지금은 두 사람이 한 명의 고령자를 책임지고 있다. 그래서 일러스트의 두 사람은 괴로운 표정을 짓고 있었던 것이다. 유토가 책장을 넘기자 충격이 한층 더 심해졌다.

30년 후에는 고령자 한 사람을 무려 1.3명이 책임져야만 한다고 한다.

다시 말하자면 이런 계산이 된다. 매월 10만 엔의 돈을 다섯 명이 부담한다면 한 사람당 2만 엔을 내면 된다. 그런데 1.3명이 부담해야 한다면 1인당 금액은 8만 엔 가까이까지 불어난다.

불안은 절망으로 바뀌었다.

그때 '톡톡톡' 하는 리드미컬한 소리가 1층에서 들려왔다. 돼지고기를 튀기기 전에 칼등으로 두드려 부드럽게 만드는 소리다.

장래를 위해서라도 유토는 부모님이 돈을 저축해 두길 진심으로 바랐다. 서점에서 돈에 관한 책이 많이 팔리는 이유는 다들 미래에 대한 불안감을 안고 있다는 반증일 것이다.

'유비무환'이라고 이 책 띠지에도 적혀 있듯이 미래를 대비하기 위해 돈은 분명 필요하다. 그러기 위해 모두가 땀을 뻘뻘 흘리며 열심히 일하고 있다. 그리고 후쿠다 서점의 아주머니나 유토의 어머니처럼 조금이라도 돈을 불리기 위해 책을 읽고 배우는 사람들도 있다.

이러한 현실을 마주하자 보스의 말이 너무 무책임하게 느껴졌다.

"다 함께 돈을 모아도 의미가 없다."

하지만 그것이 바로 마지막으로 남겨진 수수께끼였다.

◎ 돈의 지동설

이틀 후 오전, 유토와 나나미는 돈의 너머 연구소를 방문했다. 마지막 수수께끼를 풀기 위해서다. 이날 하루 종일 배운 것은 단 한 문장으로 요약할 수 있다.

"돈은 서로 빼앗는 것밖에 할 수 없지만 미래는 공유할 수 있다."

마지막까지 이야기를 듣고 보스와 미래를 공유하고 싶다는 생각이 들었다. 하지만 강의의 시작은 최악이었다. 미래를 공유하기는커녕 보스와 유토는 지금 당장 갈라설 뻔했던 것이다.

사건의 발단은 유토가 무심코 던진 질문이었다. 연구소도 겨울 방학에 들어가서 이날은 시간이 여유로워 처음으로 차를 마시면서 잡담을 나눴다.

"돈을 쉽게 불리는 방법은 없는 건가요?"

유토는 어머니가 돈 공부를 시작했다는 이야기를 꺼냈을 때 가벼운 마음으로 보스에게 물었다. 그런데 보스의 반응은 평소와 달리 떨떠름했다.

"돈 자체를 불리려고 하면 안 돼. 돈은 불어나지 않으니까 결국 서로 뺏고 빼앗길 뿐이야."

"서로 안 뺏어요. 다들 열심히 저축하려고 한다니까요."

"애초에 다 같이 돈을 저축하려고 해도 의미가 없어. 다 같이 가라앉을 뿐이지."

보스의 말에 이번만큼은 유토도 화가 났다. 그가 엉뚱한 말을 하는 데는 익숙하다. 그러나 부모님을 포함해 많은 사람의 노력을 부정한 것은 용서할 수 없었다.

"의미가 없다니 무슨 말인가요. 다들 잘못하고 있다는 말씀인가요?"

유토가 강한 어조로 주장해도 보스는 얼굴색 하나 바뀌지 않는다.

"다들 믿고 있으니까 옳다는 건 전혀 이유가 되지 못해.

천동설이 뭔지 알지? 옛날에는 다들 태양이 움직인다고 믿었어. 그거랑 똑같아.”

보스는 손에 쥐고 있던 검은색 만년필을 유토에게 내밀었다.

“무엇이 옳은가는 스스로 밝혀내야만 해.”

만년필 표면의 금세공이 마치 부자와 서민의 차이를 보여주는 것 같다고 유토는 느꼈다.

“좋아요. 그럼 뭐가 옳은지 스스로 밝혀낼게요!”

한번 의심하기 시작하자 모든 게 의심스러워졌다. 보스의 미소도 수상하고 투자로 큰돈을 벌었다는 이야기도 수상했다. 돈보다 중요한 것이 있다고 믿게 만들고 돈을 빼앗아 왔을지도 모른다. 돈의 너머 연구소도 무엇을 하는 곳인지 알 수 없다.

보스의 정체를 파헤치고 싶다는 생각이 들었다.

◎ 휴일에 돈을 쓸 수 없는 거리

두 사람의 대화에 나나미의 차분한 목소리가 끼어들었다.

“지금 하시는 이야기에는 깊은 의미가 있는 것 같아요.

전에도 말씀하셨는데, 돈을 모아도 미래를 대비할 수 없다는 건 어떤 의미인가요? 그리고 돈은 불릴 수 없다는 말도 궁금했어요."

"전부 다 의미가 불분명해요."

유토는 팔짱을 끼고 얼굴을 옆으로 돌렸다.

"와하하. 의미가 불분명한 얘기가 재밌어. 돈으로 미래를 대비할 수 없다는 건 옛날 사람들에게는 상식이지. 두 사람은 정월에 먹는 오세치✦ 중에 뭐를 제일 좋아하지?"

"이야기를 갑자기 바꾸지 말아 주세요."

고개를 옆으로 돌리고 있어도 갑자기 질문을 받으면 유토는 자신도 모르게 대답을 하고 싶어진다.

"뭐야, 유토 군은 요즘 친구라 명절 음식 같은 건 모르나?"

"알아요. 그 정도는. 저는 검은 콩이랑 쿠리킨톤✦✦을 좋아해요."

"유토 군은 단 걸 좋아하는구만. 나나미 씨는 어떤가?"

"저는 대구포요."

"꽤나 멋진 선택이군. 나는 빙글빙글 말아서 부친 달걀을 좋아해."

✦　찬합에 담아 먹는 일본의 명절 음식.
✦✦ 밤으로 만든 전통 과자.

"다테마키✦를 말씀하시는 거죠?"

유토가 말하자 보스가 기뻐했다.

"맞아, 맞아. 다테마키야. 자, 다들 설날에 오세치를 왜 먹는다고 생각하나?"

"그것도 알고 있어요. 오세치는 보존식이니까요."

유토는 다소 자신만만하게 대답했지만 금세 후회했다. 보기 좋게 보스의 페이스에 말려들었음을 깨달았기 때문이다.

"젊은 친구가 잘 아는구만. 오세치는 미리 만들어 두고 먹을 수 있는 궁극의 요리야. 설에는 누구나 쉬고 싶지. 바깥일뿐만 아니라 집안일도 마찬가지야. 집에서 느긋하게 시간을 보내기 위해서 옛날 사람들은 떡이나 오세치를 준비한 거지."

이야기의 착지점을 몰라서 유토는 애가 달았다.

"다 같이 협력하는 게 중요하다고 말씀하고 싶으신 건가요?"

"와하하하. 나는 그런 말 한 적 없어. 이건 경제 얘기야."

"네? 경제요? 경제 얘기라면 보존식 같은 건 언급할 필

✦ 다진 생선과 달걀을 섞어서 두껍게 말아 부친 설 음식.

요 없잖아요. 편의점에서 사면 되고."

"맞는 말이야. 그야말로 지금 같은 상황이지."

보스는 양손을 펼쳤다. 테이블 위에는 페트병에 든 차와 도라야키✦ 상자가 놓여 있다. 모두 유토가 사 온 것이다.

홍차를 우려 주는 직원이 연말 휴가를 갔다는 이유로 보스에게 부탁받았다. 도라야키 상자에는 '스루가안'이라고 적혀 있다. 편의점 과자는 맛이 없다고 생각해서 상점가의 전통 과자 가게에서 사 온 것이다.

"직원이 휴가를 가면 편의점에서 차를 사면 돼. 과자를 직접 만들지 않아도 전통 과자 가게에서 도라야키를 사면 되고. 이건 돈을 쓰는 화폐 경제가 발달한 덕분이야. 옛날 같으면 보존식을 만들어야 했지만 지금은 쉬고 싶으면 돈만 준비하면 되지."

"보세요, 제 말이 맞잖아요."

유토가 몸을 보스 쪽으로 돌리며 말하자 "하지만 말야" 하고 보스가 재빨리 말을 이어갔다.

"설이 되면 상점가는 모두 문을 닫지. 전통 과자 가게도 휴무야. 연중무휴인 편의점에서 차를 살 수 있는 이유는

✦ 둥글납작한 빵 사이에 팥소를 넣은 화과자.

그 제품들을 만드는 공장이 가동되고 있고, 그걸 운반하는 사람들이 일을 하고 있기 때문이야. 편의점 점원을 포함해서 모든 사람이 쉰다면 돈이 있어도 의미가 없지."

그 말을 듣고 유토는 최근에 본 영화를 떠올렸다.

도시에서 사람들이 갑자기 사라지고 서바이벌 게임에 휘말린다. 처음에는 아무도 없는 슈퍼에서 과일이나 빵 같은 식료품을 발견하고 주린 배를 채운다. 하지만 날이 갈수록 식료품이 부패해 통조림에 의지할 수밖에 없게 된다.

계산대의 현금은 마음껏 가져갈 수 있지만 돈을 필요로 하는 사람이 없다. 일을 해 주는 사람이 아무도 없기 때문에 그 세계에서는 돈이 아무런 역할을 하지 못하는 것이다.

보스는 계속해서 이야기했다.

"저출산이 계속되면 일하는 사람의 비율이 줄어들지. 극단적인 얘기지만 일하지 않는 노인만 남으면 아마도 영업을 하는 가게는 없을 거야. 그럼 아무리 지폐 뭉치를 손에 쥐고 있어도 생활을 할 수 없겠지."

듣고 보니 돈이 아무리 많아도 어찌할 도리가 없을 것 같다. 하지만 모두가 틀렸고 보스만 옳다는 점은 믿기 어려웠다.

◎ 1억 2천만 명의 의자 뺏기 게임

"100명이 사는 나라를 예로 들었던 문제, 다들 기억하고 있겠지?"

그 문제는 저번에 유토가 풀지 못한 문제다. 빵의 생산력이 줄어드는 상황에서는 돈을 아무리 나눠줘 봤자 빵을 먹을 수 없다는 이야기였다.

"연금 문제도 똑같아. 돈이 부족한 게 아냐. 저출산으로 인해 생산력이 떨어지지. 한 개밖에 없는 빵을 젊은 사람과 노인 두 사람이 서로 뺏으려는 꼴이야."

젊은 사람이 노인에게 용돈을 주는 경우가 많아지면 젊은 사람은 빵을 살 수 없게 된다. 반대로 용돈이 적게 주면 이번에는 노인이 빵을 살 수 없다. 따라서 많은 사람이 노인은 돈을 저축해야만 한다고 생각한다. 그럼 젊은 사람도 노인도 빵을 충분히 살 수 있을 것이다.

하지만 그것은 본질적인 해결책과는 약간 거리가 멀다. 어차피 빵을 한 개밖에 만들지 못한다는 사실은 변함

없기 때문에 결국 빵 값이 치솟으면 두 사람이 반 씩 나눌 수밖에 없다.

"개인의 시점에서는 빵을 얻기 위해 돈을 저축하는 데 의미가 있어. 하지만 전체의 관점에서 보면 다 같이 돈을 모아도 아무것도 해결되지 않아."

그 설명을 들은 유토는 이 방에서 사쿠마 달러를 만들었을 때를 떠올렸다.

돈은 개인에게는 가치가 있지만 전체의 관점에서는 가치가 없다. 그때 트럼프 카드 5장을 펼치면서 실감했다. 사쿠마네 집은 54장의 사쿠마 달러를 손에 넣었지만 생활이 풍족해지진 않았다. 미래를 대비하는 데 도움이 된 것도 아니다.

"왠지 모르게 의자 뺏기 게임을 하는 것 같네요, 우리. 1억 2천만 명이 참가한 의자 뺏기 게임이요."

"나도 정말 그렇게 생각해. 저출산으로 인해 일하는 사람이 줄어든다는 건 결국 의자가 줄어든다는 말이지. 한편 고령자는 늘어나니까 간호직 종사자를 앞으로 20년간 3배는 늘려야 한다고 해. 설령 늘렸다 해도 다른 일을 하는 사람의 수는 줄겠지. 그럼 다른 분야에서 물건이나 서비스가 부족해질 거야."

유토는 한숨을 쉬었다.

"너무 어려운 게임이네요, 그거. 돈을 많이 모아도 물건이 부족하면 가격이 오르겠죠. 돈이 많은 사람은 의자에 앉을 수 있겠지만 동시에 누군가는 의자에서 튕겨 나간다는 말이죠?"

그야말로 상대를 밀어내야만 살아남을 수 있는 서바이벌 게임이다. 다 함께 협력해서 살아남을 순 없다.

"사람이 1억 2천만 명이나 있으면 의자 수가 줄어드는 것도, 내가 누군가를 밀어내고 있는 것도 알아채기 어려워. 모두 함께 돈을 모으기만 하면 된다고 생각하게 되지."

"의자 살 돈을 모을 게 아니라 당장 의자를 만드는 편이 낫겠어요."

"유토 군, 바로 그거야."

보스가 씩 웃었다.

"우리는 미래를 위해 의자를 만들어야만 해."

보스가 자주 쓰는 '우리'라는 말에는 유토 자신도 포함되어 있음을 다시 한번 실감했다. 남의 일이 아니라 우리가 해결해야만 한다.

어느새 보스에 대한 의심은 전부 해소됐다.

"그런데 참 이상해요. 그렇게 당연한 걸 아무도 깨닫지 못하다니.”

“깨달은 사람은 얼마든지 있어. 이건 사회 보장에 관한 경제학에서는 당연한 얘기이고, 연금 제도를 만드는 후생노동성*도 똑같은 의견이야. 아무리 돈을 모아 봤자 연금 문제는 해결할 수 없어. 저출산을 막거나 1인당 생산력을 늘려야만 해.”

“그런데 전문가들도 다 같은 의견이라면 처음부터 말씀해 주셨으면 좋았잖아요.”

불만을 토로하는 유토를 보스가 다정하게 달랜다.

“그것도 천동설 얘기랑 똑같아. 위대한 사람들이 하는 말도 언제나 옳다고는 할 수 없어. 지금 유토 군은 자신의 머리로 생각해서 답에 도달했지. 자네 같은 사람이 늘어나지 않으면 올바른 것들이 사회에 전해지지 않아.”

두 사람의 논의에 드디어 결론이 났다. 에어컨의 송풍음이 들려오는 방 안에서 나나미가 삐끔 중얼거렸다.

“우리는 돈을 과신하고 있네요.”

그 말에 보스가 얼굴을 반짝인다.

“바로 그거야.”

✦ 한국의 보건복지부에 해당한다.

그게 바로 세 번째 수수께끼를 통해 보스가 전하고 싶었던 말인 듯했다.

"돈은 무력해. 그걸 깨닫지 못하면 돈을 모으는 데에만 몰두하게 되지. 지금부터가 시작이야. 드디어 자네들과 미래에 대한 이야기를 할 수 있겠어."

◎ 불릴 수 없는 돈

보스가 계속 이야기를 이어가려 하자 나나미가 왼손을 살짝 들어 올렸다.

"미래에 대한 이야기를 하기 전에 한 가지만 여쭤 봐도 될까요?"

그녀의 셔츠 소매에서 진주색 손목시계가 얼굴을 드러냈다.

"돈을 불릴 수 없다고 말씀하신 건 어떤 의미인가요?"

"맞아, 그렇게 말했었지. 나나미 씨의 생각은 어떤가?"

질문이 다시 되돌아오자 나나미는 갈색 머리카락을 쓸어 올리며 대답했다.

"이것도 늘 그랬듯 시점의 문제인가요?"

"통찰력이 뛰어나구만" 하고 보스는 입을 사선으로 만들고 웃기 시작했다.

"개인의 시점에선 돈을 불릴 수 있어. 하지만 전체의 관점에서 돈은 늘어나지 않아."

간단한 것처럼 말했지만 유토에게는 전혀 이미지가 그려지지 않는다.

"전체의 관점이란 건 어떻게 봐야 하나요?"

"모두의 지갑을 상상하면 되지."

유토의 지갑, 나나미의 지갑, 수많은 가게의 지갑과 사회의 지갑이 세상에는 존재한다. 돈은 모두 지갑에서 지갑으로 이동한다고 한다.

도라야키를 사면 유토의 지갑의 돈은 줄어들지만 줄어든 돈은 전통 과자 가게의 지갑으로 이동한다. 월급날에 나나미의 돈이 늘어나는 것도 나나미가 일하는 회사에서 돈이 이동한 것뿐이다.

저번에 한 이야기를 떠올리고 유토는 뒤를 돌아봤다. 당구대에는 지금도 여전히 세 개의 공이 놓여 있었다. 공을 아무리 굴려도 공의 개수가 줄거나 늘어날 순 없는 것이다.

나나미는 아직도 미간을 찌푸리고 있었다.

"돈이 이동한다는 건 이해했어요. 그런데 금리만큼 돈은 늘어나지 않나요? 일본은 저금리지만 예금하면 이자가 붙잖아요."

보스는 "아니지" 하고 한 번 고개를 옆으로 젓고 나서 설명을 시작했다.

"이자 역시 돈이 이동하는 거야. 이자라는 건 은행이 번 돈을 예금자에게 지불하는 것뿐이지. 하늘에서 짠 하고 나타나는 게 아냐. 금리만큼 돈이 늘어난다고 생각하는 건 흔한 오해지."

나나미는 의외라는 표정을 지었지만 한참 생각하고 나서 납득한 것 같았다.

"투자 은행에 들어가서 가장 먼저 금리에 대해 배워서 금리만큼 돈이 늘어나는 거라고 생각했어요. 전체의 시점에서 생각하지 않았어요."

그녀가 몰랐다는 점이 유토 입장에서는 의외였다.

보스가 짝짝 손뼉을 쳤다.

"좋아, 다음은 과외 수업이야."

학생을 인솔하듯이 힘찬 목소리로 말하더니 그는 인쇄한 지도를 건네 왔다.

"내 친구 하나가 회사를 운영하고 있는데 그는 미래에 대비해 비축해야 할 것들에 대해 잘 알고 있어. 2시에 만나기로 약속했는데 나는 볼일이 있으니까 현지에서 집합할까?"

보스가 점잔을 빼며 말했다. 미래에 대비해 비축해야 할 물건이 무엇인지 기대하라는 걸까.

뒤쪽 책장에 놓인 낙타 탁상시계가 12시 10분을 가리키고 있었다. 유토는 불안해하며 스마트폰으로 한번 더 시간을 확인하자 그걸 보스가 눈치 챈 듯했다.

"내 분신이라고 생각하고 이 낙타를 믿어 줘. 건전지를 새로 갈아서 제대로 움직이고 있다고."

◎ 돈이 감추는 사람들의 연결 고리

30분 후 역 앞 카페 겸 레스토랑의 테이블에 유토와 나나미의 모습이 보였다.

역까지 걸어가는 동안 유토는 몹시 허기졌다. 먼저 나온 것은 유토가 주문한 키마 카레였다. 식욕을 돋우는 향신료의 향에 견디지 못하고 곧바로 한 입 넣었다.

지도 속 장소까지 지하철로 20분 정도 걸리기 때문에 느긋하게 점심 식사를 즐길 수 있었다. 새해까지 앞으로 일주일도 남지 않았지만 레스토랑은 직장인들로 북적였다.

  "나나미 씨의 회사는 벌써 쉬나요?"

  유토는 오른손에 든 숟가락을 내려놓으며 물었다.

  "우리 같은 투자 은행에는 유럽이나 미국 손님이 많아. 그들은 연초까지 긴 크리스마스 휴가를 가니까 우리 사원들도 이 시기에 장기 휴가를 갈 수 있는 거야. 그보다 괜찮아? 아까 화가 난 것처럼 보였는데."

  "그야 화가 나죠. 돈을 모아도 의미가 없다는 말을 들었는데 가만히 있을 수 있겠어요? 그런 말로 세뇌시켜서 돈을 가로채려는 건 아닌가 하는 망상에 빠져 버렸어요."

  유토가 일부러 과장해서 말하자 "세뇌라니 무슨 소릴 하는 거야" 하고 나나미가 고른 치열을 보이며 입을 벌리고 웃었다.

  "그는 투자로 돈을 벌기 때문에 사람을 속이진 않아. 게다가 모두의 입장을 생각하는 사람이라고 생각해. 얼마 전에 봤던 자동차 기억하지?"

  "화려한 차였죠. 벚꽃이 그려져 있던 분홍색 자동차."

"그 후에 알게 됐는데 말야. 고등학교 미술부 학생들이 자유롭게 디자인해서 졸업 작품으로 쓸 수 있게 해 준 거래. 그 고등학교도 그렇고, 보스는 여러 학교의 활동을 지원하거나 기부를 하기도 한대."

"와, 그런 활동도 하시는구나. 왠지 상상이 잘 안 돼요."

"근데 이해가 가지 않아? 그런 사람이니까 사회 전체의 시점에서 돈을 볼 수 있는 거야. 반대로 우리는 개인의 시점에서만 보고 있으니까 그 연장으로 사회 전체를 받아들이는 거지. 그래서 다 같이 돈을 모으면 된다고 생각하는 거야."

금리 이야기에는 그녀도 충격을 받은 듯했다. 금융 세계에서는 지갑에서 지갑으로 돈이 이동한다고는 잘 생각하지 못하고 자신의 지갑만 보고 돈은 늘어나는 것이라고 생각한다고 한다.

"우리는 돈에 현혹되어 사람간의 유대를 잃어 가고 있는지 몰라. 보스도 돈은 무력하다고 말했었는데 우리를 떠받치고 있는 건 사람이겠지."

그녀의 말을 듣자 '돈이야말로 힘'이라고 말했을 때와는 다른 부드러움을 느꼈다. 나나미에게 받은 인상은 이전과는 조금 달라졌다. 생각이 바뀐 건 유토도 마찬가지였다. 보스의 이야기를 듣는 동안 사회가 따뜻해 보이기 시작했다.

붐비는 레스토랑 안에서 이리저리 뛰어다니고 있는 젊은 점원이 드디어 나나미가 주문한 그릴 치킨 샌드위치를 가져다주었다.

"오래 기다리셨죠. 죄송합니다."

머리를 숙이고 사과하는 점원에게 나나미는 다정한 목소리로 "괜찮아요. 감사합니다"라고 대답했다.

◎ 미래에 대비해 비축할 것

두 사람이 내린 역은 유토도 처음 와 본 곳이었지만 근처에 세워져 있는 분홍색 자동차 덕분에 목적지인 빌딩을 곧바로 발견했다.

보스는 차에 운전수를 남기고 합류했다. 세 사람은 2층 사무실로 향했다.

문을 열자 경쾌한 음악이 들려왔고 진한 커피향이 유토의 코를 자극했다. 이곳에 미래를 대비해서 비축해야 하는 것이 있다는 걸까.

실내는 어수선했고 유토가 상상한 회사의 모습과는 동떨어져 있었다. 보스의 방과 비슷한 크기의 공간에 물건이 가득 차 있었다. 대량의 종이상자, 행거, 원통에 감겨 있는 천, 타악기, 그리고 용도를 알 수 없는 철사 덩어리 같은 것도 있다.

방 중앙에는 컴퓨터 책상이 4개 놓여 있고 한 남성이 화면을 보고 키보드를 두드리고 있었다.

"도모토 군, 내가 왔어."

보스가 큰 목소리로 부르자 그 남자는 이쪽을 보고 "안녕하세요" 하고 밝게 인사했다.

도모토라고 불린 남자는 연갈색의 건강미 넘치는 피부색에 잘 정돈된 콧수염이 나 있었다. 수염 때문에 40살 정도로 보이지만 20대일지도 모른다.

거리에서 만났다면 절대로 다가가고 싶지 않은 타입이라고 유토는 생각했다. 언뜻 보기에는 수상한 풍모였다.

"연말이라 오늘은 저밖에 없어요. 좁지만 이쪽에 앉으세요."

도모토에게 안내를 받아 네 사람은 안쪽에 놓인 테이블에 앉았다. 보스는 유토와 나나미를 간단하게 소개하고 나서 도모토에게 부탁했다.

"자네가 하고 있는 활동을 이 친구들에게 이야기해 줬으면 해."

"얼마든지요. 저는 다양한 사람을 알아가고 싶어요."

입꼬리를 올리며 웃는 도모토의 눈이 실처럼 가늘어진다.

그는 가장 가까운 행거에서 셔츠를 한 장 집어 테이블 위에 펼쳤다. 셔츠에는 빨강, 파랑, 노랑, 초록 같은 원색으로 화려한 모양이 그려져 있었다.

"저는 아프리카의 가나라는 나라를 지원하기 위해 이걸 만들고 있어요."

예상 밖이었다. 그의 입에서 '아프리카 지원'이라는 말이 나오리라고는 생각지도 못했다. 외모만 보고 판단한 걸 미안하게 생각하면서 유토는 그 셔츠를 입고 있는 아프리카인의 모습을 상상했다.

"그걸 아프리카에 기부하고 있는 건가요?"

"아니요. 그들에게 기부하는 건 오히려 아프리카의 발전을 방해하는 거예요."

도모토는 절실한 표정으로 현지의 상황을 자세히 알려주었다.

"전 세계에서 아프리카에 옷을 보내는 탓에 특히 서아프리카에는 비싼 돈을 지불해서 옷을 사는 사람이 거의 없어요. 현지에서 옷을 만들어도 팔리지 않으니까 산업이 발전하지 못하는 거예요. 그래서 아프리카에서 만든 옷을 일본에 가져와서 팔고 있어요."

열심히 귀 기울이고 있는 나나미가 "그렇구나" 하고 맞장구를 친다.

"메이지 근대화와 똑같은 일을 하려는 거예요. 구로후네*가 내항하고 나서 일본이 급속도로 성장한 것도 섬유 산업이 시작이었잖아요."

"맞아요. 게다가 아프리카의 문화나 전통은 정말 매력적이에요. 저는 그걸 일본에 널리 알리고 싶어요."

도모토는 아프리카와 일본에 거점을 두고 활동하고 있다고 한다. 아프리카 공장에서는 현지인들에게 물레나 미싱의 사용법을 가르쳐 주고 셔츠나 팬츠를 스스로 만들 수 있도록 이끌고 있다.

한편 일본에서는 아프리카에서 만든 셔츠와 바지를 취급해 줄 가게를 늘려 나가고, 온라인으로 주문한 고객들에게 상품을 보내는 일을 하고 있다고 설명했다.

나나미는 연신 감탄하고 있었다.

✦ 에도 막부 말기 일본을 식민지로 삼기 위해 페리 제독이 이끌고 온 검은색 함대.

"우리가 아프리카에 기부만 해서는 장기적으로 아무것도 해결되지 않아요. 그보다 그들 스스로 물건을 생산할 수 있게 되면 더 지속적인 미래로 이어지겠죠."

유토는 깜짝 놀라 보스의 얼굴을 바라보았다.

"우리가 미래에 대비해 비축해야 한다는 게 바로 이건가요?"

보스는 '그렇고말고'라고 말하는 듯한 표정을 짓는다.

"생산력은 중요해. 설비나 생산 기술이 축적되지 않으면 아무것도 만들 수 없어. 하지만 그뿐만이 아냐. 우리의 삶을 떠받치는 또 다른 축적도 있어. 상상해 봐. 구로후네를 보고 놀란 에도 시대의 생활과 비교해서 뭐가 바뀌었는지를."

바뀐 것이 한두 개가 아니라고 유토는 생각했다. 머리에 상투를 튼 사무라이가 현재로 타임 슬립해서 온다면 놀람의 연속일 것이다. 모두가 들여다보고 있는 얇은 판은 도저히 이해하지 못할 것이다.

"스마트폰 같은 건 정말 대단하죠. 사진을 찍거나 게임을 할 수도 있고 지도든 뭐든 다 찾아볼 수 있고 말이에요. 자동차나 신칸센 같은 탈것도 정말 편리해졌잖아요."

"게다가" 하고 나나미가 덧붙인다.

"제도처럼 형태가 없는 것도 있죠. 교육 제도나 의료 제도도 우리의 생활을 눈에 띄게 바꿔 놨어요."

보스는 만족스러운 얼굴로 두 사람의 대답을 듣고 있었다.

"자네들 말대로야. 물건을 만드는 생산력 외에도 이른바 인프라라고 불리는 사회 기반이 축적되어 왔지. 인터넷, 도로나 철도 같은 교통망, 전기와 수도, 학교나 병원 같은 게 바로 인프라야. 그리고 제도나 규칙도 우리 생활에 꼭 필요해. 이건 모두 옛날 사람들이 생각해내고 손을 움직여서 축적해 온 거야. 옛날부터 쌓아 온 많은 것들이 지금의 풍요로운 생활을 만들고 있는 거야."

도모토가 가는 눈을 반짝인다.

"아프리카에도 이러한 축적이 필요해요. 학교에 가거나 병원에 갈 수 있는 아이는 일부에 불과해요. 설비나 제도도 충분하지 않고요. 일본에서 생활의 풍요로움에 대해 이야기하면 월급이 오르지 않는다는 둥 바로 돈 얘기가 나오는데 그럴 때마다 위화감을 느껴요."

사업 이익으로 현지 학교를 지원하기도 한다는 도모토가 아프리카의 영상을 보여 주었다.

노트북 화면에 아프리카 초등학교의 풍경이 나오고 있

었다. 화면 중앙에는 직접 만든 긴 책상이 놓여 있고 빼곡하게 앉아 있는 아이들의 얼굴에 미소가 넘치고 있었다.

도모토의 손이 마우스를 클릭하자 다음 영상이 나왔다. 학교 건물 밖의 모습이 보인다. 아이들이 노래에 맞춰 춤을 추고 있고 수많은 닭이 카메라를 향해 날뛰고 있었다.

그 초등학교에서의 생활은 일본보다 불편해 보인다. 하지만 아이들의 눈은 희망으로 가득차 있었다. 그리고 화면에 함께 비친 도모토의 생기 넘치는 얼굴이 유토에게는 인상적이었다.

종이 상자가 잔뜩 쌓여 있는 그 방에서 미래를 만들고자 하는 도모토의 강한 의지와 정열에 유토의 마음이 흔들렸다.

◎ 가격으로 가치는 측정할 수 없다

보스의 방에는 겨울의 낮은 태양빛이 테이블 정중앙까지 비치고 있었다. 도모토의 사무실을 뒤로 한 세 사람은 분홍색 자동차를 타고 연구소에 막 돌아온 참이었다.

유토는 상자 안에 아직 남아 있는 도라야키를 두 사람

에게 권했다.

"이 스루가안의 도라야키, 정말 맛있으니까 드셔 보세요."

나나미가 "하나 먹어 볼게"라고 말하며 도라야키를 신중하게 반으로 나눈다. 그녀는 단면에 코를 대고 달콤한 향을 맡은 후 입으로 가져갔다.

"고급스러운 단맛이라 먹기 편하네요. 이것도 과거의 축적 덕분이겠죠."

보스는 도라야키에는 손을 대지 않았다. 의자 등받이에 몸을 맡긴 채 그녀가 먹는 모습을 바라보고 있었다.

"우리가 당연하다고 느끼고 있는 지금의 생활은 모두 과거의 축적 덕분이야. 도라야키도 스마트폰 같은 최첨단 기술도, 과거의 축적 위에 성립하고 있지."

나나미가 도라야키를 먹던 손을 멈춘다.

"아프리카 이야기를 듣고 있으면 생산력이나 인프라 축적 등 실체가 있는 것이 생활을 풍족하게 만들어 주고 있다는 걸 잘 알 수 있어요. 그런데 일본에서는 토지 가격이나 주가가 폭락했을 때 '막대한 부를 잃었다'라고 말하죠. 이런 가격의 축적도 중요한가요?"

"좋은 포인트야."

보스가 몸을 일으키고 검지를 세운다.

"생활의 풍족함은 개개인의 입장에서의 가치에 대한 이야기야. 가치와 가격은 구별해야 해. 예를 들어 그 도라야키에는 어느 정도의 가치가 있다고 생각하지?"

유토는 곧바로 대답했다.

"하나에 200엔이었어요. 그런데 아까 보스한테 돈을 받을 때 말씀드렸었죠. 원래 개당 250엔인 도라야키를 주인 할머니가 200엔으로 깎아 주셨다고요."

보스가 웃으면서 부정한다.

"그건 가격이지. 도라야키를 파는 가게 입장에서는 틀림없이 200엔의 가치가 있어. 그 돈이 손에 들어오니까 말야. 그런데 유토 군은 파는 사람이 아니라 먹는 사람이지. 도라야키를 먹은 자네는 행복을 느낄 텐데 그게 바로 가치야."

"그 행복이란 건 제가 맛있다고 느꼈는가를 말하는 건가요?"

"그런 셈이지. 사용 가치라고도 하는데 사람마다 느끼는 가치는 달라. 미안하지만 팥을 싫어하는 나한테 도라야키는 아무런 가치가 없어. 가격과 가치는 다른 거야."

유토는 보스의 이야기에 납득하면서도 '다른 과자도 살 걸 그랬다'며 후회했다.

나나미가 두 사람의 대화에 끼어들어 이야기를 원점으로 돌려놨다.

"마찬가지로 토지의 가치는 생활의 쾌적함에 달려 있죠. 수도나 도로 같은 인프라가 갖춰져 있어서 편리해지는 게 중요하고, 토지의 가격은 관계없다는 말씀인가요?"

"모두가 편리하다고 생각하는 토지는 모두가 원하기 때문에 결과적으로 가치는 올라가지. 하지만 그 반대는 성립하지 않아. 토지의 가격이 오른다고 해서 편리해지는 것도 아니고 반대로 가격이 떨어진다고 해서 갑자기 불편해지는 것도 아니지."

보스는 1991년의 버블 붕괴를 예를 들었다. 2500조 엔이나 있던 일본의 토지 총액이 5년 후에 1800조 엔 정도까지 감소했다고 한다.

전쟁이나 재해로 인프라가 엉망이 된 탓에 가격이 떨어지면 문제지만, 그저 가격이 떨어졌다고 해서 사회의 축적이 사라지는 것은 아니라고 한다. 버블 붕괴 때에는 모두가 불안해서 불경기가 되었지만 그 토지의 편리성이 사라진 것은 아니라고 설명해 주었다.

하지만 유토는 이해가 가지 않았다. 생활의 편리성이 중요하다는 것은 이해하지만 비싼 게 더 좋은 건 당연하다.

"하지만 1800조 엔보다 2500조 엔이 더 낫지 않나요? 그게 더 비싸게 파는 거고 일본 경제에도 좋을 것 같은데요."

유토의 시야 끝에서 나나미도 고개를 끄덕이고 있었다.

◎ 안쪽과 바깥쪽 가치의 차이

보스의 대답은 명쾌했다.

"우리 집단의 안쪽과 바깥쪽을 구별해서 생각해야 해."

"안쪽과 바깥쪽이요?"

유토와 나나미의 목소리가 겹쳤다.

"그래. 안쪽과 바깥쪽."

보스는 천천히 설명을 시작했다.

"우선 유토 군의 부모님이 팔고 있는 돈까스를 예로 들어 볼까? 같은 돈까스를 판다면 1800엔과 2500엔 중 어느 쪽이 더 나을까?"

"그야 당연히 2500엔이죠."

"절반만 정답이야. 그 대답은 바깥쪽에 팔 때만 옳아."

"바깥쪽이라는 게 뭔가요? 돈까스의 바깥쪽?"

"아니, 아니. 가족이라는 집단의 바깥쪽이지. 유토 군의 가족이 그 바깥쪽에 있는 손님에게 돈까스를 판다면 1800엔보다는 2500엔에 파는 게 좋지. 가족의 돈이 700엔 늘어나니까 말야. 그럼 안쪽에 있는 유토 군이 돈까스를 먹는 경우엔 어떨까?"

"그게 얼마든 싫어요. 왜 가족한테 돈을 내야 하나요?"

정말로 부모님이 돈을 요구해 온다면 싫다기보다는 슬퍼질 것 같다.

"당연한 반응이야. 가족 안에서 돈은 받지 않지. 설령 돈을 받아도 가족 전체의 돈은 늘어나지 않아. 가족이라는 집단의 행복을 위해서는 비싸게 파는 것보다 맛있는 돈까스를 만드는 게 중요해. 이게 바깥쪽과 안쪽의 차이야. 토지도 똑같아."

대체 어디가 똑같다는 걸까. 유토가 곰곰히 생각하고 있는데 나나미가 대신 이야기를 이어갔다.

"토지의 가격이 싸든 비싸든 일본 내에서 거래하는 한 일본 전체의 돈의 양은 달라지지 않는다는 말씀이시죠? 토지 가격이 떨어지면 파는 사람은 곤란하겠지만 사는 사람 입장에서는 좋을 거예요."

"그렇지. 일본 입장에서 가격이 비싸서 좋은 경우는 바깥쪽에 있는 외국에 팔 때뿐이야. 1800조 엔짜리가 2500조 엔에 팔린다면 손에 700조 엔이 더 들어오지. 하지만 그런 짓을 하면 우리가 살 곳이 사라져 버릴 거야."

"말씀하신 대로예요. 일본 전체의 관점에서 생각하면 가격보다 살기 편해지는 게 훨씬 중요하죠. 가만히 생각해 보면 당연한 일이지만."

"돈에 눈이 멀면 그 당연함을 잊어버리게 돼. 토지뿐만이 아니야. 주식이든 뭐든 똑같아. 전체를 생각하면 가격 자체가 올라가는 데 큰 의미는 없어. 그보다 미래의 행복으로 이어지는 사회의 축적을 늘리는 게 더 중요하지."

점심을 먹을 때 나나미가 이야기한 대로였다. 보스는 사회 전체의 시점에서 미래를 바라보고 있었다.

◎ 서로 빼앗는 돈과 공유하는 미래

저물어 가는 태양이 보스의 왼쪽 얼굴을 희미하게 붉게 물들이고 있다. 그는 마지막으로 오늘 하루의 이야기를 정리했다.

"돈을 불리는 것 자체를 목적으로 하면 그저 쟁탈이 되지. 공유할 순 없어. 우리가 확실하게 공유하는 건 미래야."

하루 동안 긴 여행을 한 것만 같았다. 돈을 모으는 것부터 출발한 이야기가 미래를 생각하는 이야기에 다다랐다.

"연금 문제도 똑같은 얘기죠" 하고 나나미가 말하기 시작한다.

"우리는 저출산으로 인해 일하는 사람이 줄어드는 미래를 공유하고 있어요. 한 사람 한 사람이 돈을 불리는 것보다 적은 수의 사람이 효율적으로 일하거나 아이를 키우기 수월한 사회를 만드는 걸 생각해야만 하죠."

"개개인이 돈을 불리는 걸 부정하는 건 아니야. 하지만 그것만 생각해서는 안 돼. 공유하는 미래를 함께 생각할 필요가 있어."

보스는 그렇게 말하지만 유토에게는 그 실현 방법이 와닿지 않았다.

"의미는 알겠어요. 하지만 거기까지 생각하기는 너무 힘들어요."

그러자 입가와 눈가에 미소를 띄우며 보스가 제안해 왔다.

"하나도 어렵게 생각할 필요 없어. 스루가안의 할머니에게 물어보면 돼."

"네? 그게 무슨 말씀이세요?"

갑자기 튀어 나온 이름에 유토의 목소리가 뒤집혔다.

"할머니는 할인을 해 주셨지? 할머니 역시 돈을 원할 거야. 하지만 유토 군과 돈을 두고 서로 다퉈도 의미가 없다고 생각해서 200엔으로 깎아 줄 수 있는 거야."

"가격은 싼 편이 좋다는 말인가요?"

"그런 얘기가 아냐. 값을 깎아서 싸게 사려는 것도, 손님에게 비싸게 팔 생각만 하는 것도 돈을 서로 쟁탈하는 거야. 공유할 수 있는 건 다른 데 있어. 적어도 할머니는 자네가 도라야키를 맛있게 먹는 미래를 공유해 주고 있다고 생각해."

유토는 상자 속에 하나 남은 도라야키를 보면서 그 말의 의미를 생각했다.

가족이나 이웃, 친구와도 미래의 행복이나 목적을 공유하고 있다. 분명 돈은 서로 빼앗게 된다. 하지만 공유하는 미래를 함께 그린다면 협력은 할 수 있을 것 같다.

"자."

어느새 보스는 창가에 서서 이쪽을 보고 있었다. 방으로 들어오는 석양이 그의 윤곽을 드러냈다.

"이로써 세 가지 수수께끼는 모두 풀었구만. 자네들도 돈의 정체가 보이기 시작했을 거야. 이 건물의 가치도 짐작할 수 있겠지?"

유토는 보스의 약속을 떠올렸다. 가치를 맞히면 이 저택을 받을 수 있다. 그러나 유토 자신이 그 답을 맞히는 건 왠지 어울리지 않는다는 생각을 떨칠 수 없었다.

나나미가 대답할 때까지 침묵이 계속됐다. 시계 초침 소리가 10번 정도 났다.

"그야말로 방금 전 하신 얘기네요. 가격이 아니라 사용 가치를 묻고 있는 거라고 생각해요."

"그렇다면 여기에 살면 얼마만큼 행복할까 하는 것이려나?"

시험하는 듯한 보스의 눈초리를 나나미의 맑은 눈동자가 응시한다.

"물론 주거할 가치도 있을지 모르지만 그 이상으로 가치가 있는 건 이 연구소에서 어떤 활동을 하고 있고 어떤 미래를 낳으려 하는가 하는 점이겠죠. 아마도 그 가치를 높게 평가할 수 있는 사람, 그 가치를 높일 수 있는 사람에게 통째로 맡기고 싶어서 재산을 물려주시려는 거라고 생각했어요."

"와하하하하."

보스는 큰 소리로 웃더니 긍정도 부정도 아닌 대답을
했다.

"지나친 과대평가야. 나는 그런 거창한 일을 생각하지
않아. 하지만 뭐 모처럼이니 그 가치를 측정받고 싶구만.
새해에라도 연구소의 활동에 대해 소개할게. 나나미 씨
뿐만 아니라 유토 군에게도 말이지."

유토는 보스의 이런 점이 좋았다. 중학교 2학년생인 자
신을 성인인 나나미와 똑같이 대해 준다. 한편, 자신의 생
각이 아직 어리다는 것은 유토도 잘 알고 있었다. 하다못
해 고등학생이었다면 좀 더 제대로 대답할 수 있었을 거
라는 아쉬움도 남는다.

하지만 조급해할 필요도 없다. 고등학생이나 대학생이
되고 나서 또 보스와 이야기하면 된다. 이때는 보스와의
시간이 앞으로도 계속될 거라고 의심하지 않았다.

제3장

요약 정리

□ 다 함께 돈을 모으는 것은 미래에 대한 대비가 되지 못한다.

□ 연금 문제를 해결하려면 저출산을 막거나 생산 효율을 높여야 한다.

□ 돈은 이동하고 있을 뿐이고 돈의 총량은 늘어나거나 줄어들지 않는다.

□ 미래에 대비해 비축할 수 있는 것은 사회 기반이나 생산 설비, 기술, 제도 등이다.

□ 전체의 관점에서 중요한 것은 가격보다 사용 가치를 높이는 것이다.

□ 돈은 서로 빼앗을 수밖에 없지만 미래는 공유할 수 있다.

4

돈 에 대 한 네 번 째 수 수 께 끼

퇴치할 악당은
존재하지 않는다

부자의
마지막
가르침

"우와, 정말 오랜만이네."

고등학교 2학년생인 유토는 자신도 모르게 소리를 냈다.

보스의 방에 들어간 것은 사실 3년 만이다. 방 안의 공기를 코로 크게 들이마셨지만 양주의 향이 남아 있진 않았다.

"그의 방은 그때 그대로 보존되어 있어요."

나중에 방에 들어온 중년 여성이 슬쩍 말을 걸어 왔다.

그 말을 듣고 유토는 책장으로 시선을 옮겼다. 분명 당시 그대로였다. 브랜디 병 외에도 돛단배 모형, 외국 타악기 등 본 적 있는 물건들이 놓여 있었다. 그런데 한 단 아래를 보자 애달픈 기분이 들었다.

낙타 탁상시계가 먼지로 완전히 뒤덮여 째깍째깍 움직이기를 포기하고 있었다. 얼빠진 낙타의 얼굴은 주인을 닮았고, 보스가 '내 분신'이라고 말했던 것을 떠올렸다.

"사쿠마 씨는 그때 아직 중학생이었죠. 키가 꽤 많이 자랐네요."

그녀는 유토를 올려다보고 눈을 가늘게 떴다.

"네. 부소장님을 만난 건 중학교 2학년 1월이었을 거예요. 이 방을 마지막으로 방문한 날이었어요."

유토는 지금도 그녀를 부소장이라고 부르고 있다. 아주 정중한 말투를 쓰는 부소장은 중학생 때부터 유토를 사쿠마 씨라고 불러 주었다. 그녀는 보스와는 정반대로 늘 차분하게 행동하는 인물이었다.

의자에 앉아 그녀는 중얼거렸다.

"벌써 3년이나 흘렀네요……."

유토도 의자에 앉는다. 엉덩이에 닿는 면의 쑥 들어간 감촉은 3년 전과 똑같았다. 중학생 때 이 방에 여러 번 와서 보스에게 돈에 대한 강의를 들었다. 전부 사회를 바라보는 시점을 바꿔 준 이야기였다.

하지만 그저 이야기를 듣기만 했다면 자신의 행동이 이렇게까지 달라지지 않았을 거라고 유토는 생각한다.

그때 보스와 한 가지 약속을 했다. 그리고 편지 한 통을 맡았다. 그 일을 떠올리며 유토는 자신의 기억을 부소장에게 전했다.

"3년 전 아주 강하게 느꼈어요. 보스는 정말 삶을 진심으로 사는구나 하고요. 그래서 저도 목표를 찾아서 진심으로 살아야겠다고 결심하게 됐어요."

"그렇군요. 분명 방금 전의 제안과도 관계가 있겠죠."

그녀의 말대로였다. 최근 들어 유토는 하고 싶은 것이 무엇인지 깨닫기 시작했다.

"네. 지역 간 연계를 강화하는 활동을 하고 싶어서요."

그런 생각 때문에 이곳에 와서 방금 제안한 것이다. 어차피 고등학생의 생각이고 현실적이지 않다고 말할지도 모른다. 부소장의 눈에 어떻게 비칠지 불안했다. 하지만 그건 쓸데없는 걱정이었다.

"정말 흥미로워요. 이곳에 보스가 있었다면 분명 같은 의견이었을 거예요."

"저, 정말인가요?"

"네. 좀 더 자세히 들려주시겠어요? 사쿠마 씨는 이 건물을 구체적으로 어떻게 사용할 생각인가요?"

유토는 문자 그대로 앞으로 고꾸라질 뻔했다. 그리고 열의에 찬 눈으로 부소장을 바라보았다.

"이런저런 계획이 있어요. 우선 연구소를 둘러싼 담장을 없애고 싶어요. 정원이 이렇게 멋진데 이왕이면 다 같이 즐길 수 있게 하고 싶어요."

3년 전 그날 보스는 연구소가 하고 있는 활동에 대해 소개해 주었다. 유토는 그때부터 정원을 가리고 있는 담장이 신경 쓰였다.

◎ 보스와 엔젤 투자

중학교 2학년 3학기가 시작하고 얼마 되지 않은 금요일 오후였다. 보스가 "새해에라도 연구소의 활동에 대해 소개한다"고 말했기 때문에 유토와 나나미는 기대하며 왔다.

그런데 아직 선약이 끝나지 않은 듯해 두 사람은 연구소 복도에서 잠시 기다리게 되었다.

"사람을 줄여야 해."

보스의 방에서 들려온 말소리에 유토는 귀를 의심했다.

문 바로 가까이로 이동해서 귀를 쫑긋 세운다. 사업이 잘 안 된다면 직원을 줄이는 편이 좋다고 보스는 말했다. 그것은 어떤 회사를 위한 조언 같았다.

유토는 내심 실망했다. 결국 보스도 돈이 가장 중요한 사람인 것이다.

약속 시간보다 10분 정도 지나서 드디어 문이 열렸다.

"자네들에게는 기대하고 있어."

보스의 밝은 목소리와 함께 안쪽에서 젊은 남녀가 나왔다.

유토와 나나미는 그들과 가볍게 인사를 나누고 교대하듯이 방 안으로 들어갔다.

"미안, 미안. 기다리게 했구만."

보스는 조금 살이 빠진 것처럼 보인다.

모두 의자에 앉자 달콤한 향기를 풍기며 구움 과자와 홍차가 나왔다. 예전에는 늘 시간차를 두고 양주의 향기가 났지만 이날은 그렇지 않았다.

"오늘은 이 연구소에서 만들고 있는 미래에 대한 얘기를 하려고 해."

보스의 말에 유토는 흥이 깨져 하품이 나올 것만 같았다. 보스에게 중요한 것은 미래보다 돈일 거라 생각했기 때문이다.

유토가 오른손으로 입가를 누르고 있자 나나미가 흥미롭다는 듯 물었다.

"조금 전까지 계시던 두 분은 젊어 보이는데 그분들에게 엔젤 투자를 하고 계신가요?"

"잘도 알아봤구만. 그들은 대학을 휴학하고 회사를 시

작했어. 내가 그 엔젤이야."

보스의 대답을 직역하면 '내가 그 천사다'라는 수수께끼 같은 문장이 되는데, 그와는 다른 의미로 쓰이고 있다는 것은 유토도 눈치챌 수 있었다.

"엔젤 투자라는 게 대체 뭔가요?"

의아해하는 유토에게 나나미가 진주 귀걸이를 흔들며 가르쳐 주었다.

"신생 회사는 수입이 없으니까 엔젤이라 불리는 투자자가 주식을 받는 대신 자금을 제공해 주는 거야. 그걸 엔젤 투자라고 불러."

그녀의 이야기에 따르면 그저 돈만 투자하는 것이 아니라 경영에 관한 조언을 하거나 도움을 줄 수 있는 인맥을 소개하는 등 다양한 형태로 지원한다고 한다.

나나미가 애써서 설명해 주었는데 유토는 가장 중요한 주식에 대해서는 충분히 이해하지 못했다. 소박한 의문이 들어 자신도 모르게 물었다.

"주식에 대해서는 종종 듣는데 그걸 받으면 보스한테 좋은 게 있나요?"

"주식을 소유한다는 건 회사를 부분적으로 소유한다는 거야. 나는 주식을 20퍼센트 갖고 있으니까 미래에 회사가 100억 엔을 벌면 20퍼센트인 20억 엔은 내 몫이 되지. 대신 회사가 망하면 못 돌려받지만 말야."

보스는 그렇게 말하고 웃어 보였다.

거대한 규모에 놀란 유토는 '20억이라니 엄청나네'라고 말하려고 입을 벌렸다. 그런데 정작 입에서 나온 말은 다른 말이었다.

◎ 투자와 세계의 격차

"치사해요."

입에서 튀어나온 말에 누구보다 놀란 건 유토 자신이었다.

하지만 그게 본심이었다고 생각한다.

20억 엔이라는 금액은 분명히 어마어마하고 부럽기도 했다. 돈까스 1인분을 팔아 봤자 벌 수 있는 돈은 고작 몇백 엔이다. 유토의 부모님은 아무리 열심히 일해 봐야 절대로 20억 엔을 벌 수 없다.

'대단하다'고 말해 버리면 부모님을 부정하는 게 된다. 결코 부모님이 게으름을 피우고 있는 게 아니다. 거기에는 어떻게 해도 해결할 수 없는 격차가 존재하고 있다.

그 격차를 좁히기 위해 나중에 돈을 많이 벌고 싶다고 유토는 생각했다. 그래서 담임선생님에게도 "돈을 많이 벌 수 있는 일을 하고 싶어요"라고 말한 것이다.

갑자기 툭 하고 나온 "치사해요"라는 말에는 지금까지 느껴 온 다양한 감정이 담겨 있었다. 그리고 닫혀 있던 마개가 빠진 것처럼 또 다른 말들도 흘러나왔다.

"그럼 일하지 않아도 투자로 돈을 벌 수 있겠네요? 치사해요. 부자는 투자로 점점 돈을 불릴 수 있지만 우리 같은 집은 아무리 열심히 일해도 투자로 굴릴 수 있는 돈 같은 건 없어요."

눈시울이 뜨거워지는 것을 느낀 유토는 고개를 숙인 채 계속 이어갔다.

"돈이 있는 사람은 거들먹거릴 수 있으니까 좋겠네요."

거기까지 말하고 나서 드디어 정신을 차렸다. 보스를 추궁해도 소용없다. 선을 넘은 발언을 한 것이 후회돼서 유토는 조심스럽게 고개를 들었다.

그런데 보스는 다정하게 미소를 지었다. 그리고 고개를 한 번 끄덕이고 나서 이렇게 말했다.

"나는 격차의 문제에 대해서는 좀 더 깊게 생각해 보고 싶어. 유토 군에게는 특히 그 얘기를 하고 싶었지."

어째서 '특히'인지 이때는 알지 못했다. 하지만 앞뒤가 안 맞는 변명처럼 들리진 않았다. 그의 표정이 그가 얼마나 진지한지를 잘 보여 주었다.

유토가 받아칠 말을 찾고 있는데 나나미가 이런 이야기를 시작했다.

"일하는 것보다 투자를 하는 편이 돈을 더 쉽게 불릴 수 있기 때문에 격차가 계속 커지는 거라고 책에서 읽은 적이 있어요. 전 세계 사람을 자산 순으로 줄 세우면 버스 한 대를 채울 정도의 대부호들이 나머지 절반인 36억 명과 똑같은 자산을 보유하고 있다고 해요."

"이야, 그렇게나 많이요?"

서먹서먹함을 숨기기 위해 유토는 눈을 동그랗게 뜨고 과장해서 놀랐다.

"맞아. 그 격차는 프랑스 혁명 전야와 비슷한 정도까지 확대되고 있다고 말하는 사람도 있어."

프랑스 혁명은 유토도 들어본 적 있다. 빈곤한 국민을 혹독한 세금 제도로 괴롭힌 왕실이 혁명으로 인해 무너졌다. 국왕과 왕비인 마리 앙투아네트가 처형된 이야기는 아주 유명하다.

그런데 보스의 의견은 다른 것 같았다.

"뭐야. 버스에 탄 대부호들이 다 나쁜 사람들 같잖아. 프랑스 혁명 때와 비슷한 정도의 격차라고 생각하는 사람은 돈밖에 보지 않는 거야. 격차는 계속 줄어들고 있다고 생각해."

나나미는 미심쩍은 눈으로 바라봤지만 보스는 거짓말을 해서 얼버무릴 사람이 아니다. 유토는 그 다음 이야기가 궁금했다.

◎ 돈의 격차와 생활의 격차

"분명 소득이나 갖고 있는 자산의 격차는 커지고 있을지 몰라. 하지만 중요한 건 생활이라고 나는 생각해."

보스의 말에 유토는 고개를 갸우뚱한다. 돈이 있으면 원하는 걸 살 수 있고 생활은 넉넉해질 것이다.

"돈의 격차와 생활의 격차는 결국 똑같지 않나요?"

보스는 잠시 생각하고 나서 유토에게 물었다.

"유토 군네 집에 TV는 있겠지?"

"그야 당연히 있죠."

유토네 집에는 2층 식탁에 가족용 TV가 있고 1층 가게에는 기증받은 대형 TV가 있다.

"그런데 저는 잘 안 봐요. 스마트폰으로 동영상을 볼 때가 많아서."

"지금은 그런 시대지. 옛날엔 흑백 TV가 아주 비싼 물건이었어. 직장인 월급 몇 년치였지. 그래서 내가 어릴 땐 TV 같은 건 부잣집에만 있었어. 지금도 나는 어리지만 말야. 와하하하하."

보스의 자학적인 대사에 유토는 웃음을 참으며 되물었다.

"스마트폰도 없는 시대에 TV도 없으면 너무 심심하지 않을까요?"

"어른들은 라디오를 듣거나 신문을 읽었어. 나 같은 서민의 자식들은 밖에서 흙투성이가 되어 놀았지. 막과자를 먹으면서 '황금 배트'의 그림 연극을 보는 게 낙이었어."

"와, 그런 시대였군요."

그림 연극을 보는 어린이 보스를 상상하자 절로 미소가 지어졌다. 동시에 TV와 그림 연극의 격차에 놀랐다.

"서민과 부자 사이에 꽤 큰 생활 격차가 있던 시대야. 세월이 흘러 그림 연극은 스마트폰으로 바뀌었지. 그럼 지금의 부자가 사용하는 건 뭐지?"

"눈앞에 있는 엄청난 부자는 스마트폰을 쓰고 있어요."

"명쾌한 답이야" 하고 보스는 주머니에서 스마트폰을 꺼냈다. 그 스마트폰 케이스는 검고 단순하고 유토의 케이스보다도 밋밋했다.

"나는 중산층 정도지만 부자들도 스마트폰을 쓰지. 그들도 검색 엔진으로 검색을 하고 SNS를 사용해. 옛날과 달리 정보의 격차는 거의 없어. 온라인 판매도 격차를 줄이고 있지? 사람을 고용하지 않아도 집 앞까지 배달되는 건 서민이나 갑부나 다 똑같아. 게다가 우리가 어디에 있든 똑같은 물건을 손에 넣을 수 있지. 그런 의미에서 지역 격차는 줄어들고 있는 거야."

유토는 방 안을 둘러보았다. 이 방에 있는 당구대도 그렇고 책장에 꽂혀 있는 두꺼운 책도 그렇고 자신의 집에는 없지만, 당구대가 반드시 귀족의 놀이인 것도 아니고 도서관에 가면 대부분의 책은 읽을 수 있다. 현대 사회에 프랑스 혁명 당시만큼의 삶의 격차가 있다고 말할 수 없는 것도 이해가 안 가는 건 아니다.

"그리고 한 가지 더 있어."

젠체하는 표정으로 보스는 검지를 세우고 물었다.

"지금 내가 한 얘기에는 한 가지 중요한 사실이 숨어 있어. 그게 뭔지 눈치 챘나?"

◎ 격차를 줄이는 대부호

보스는 새로운 홍차를 두 사람에게 따라주고 나서 힌트를 줬다.

"조금 전에 내가 한 얘기에 나온 회사에는 공통점이 있었어. 스마트폰 회사, 검색 엔진 회사, SNS 회사, 인터넷 통신 판매 회사."

곧바로 정답을 알아챈 듯 나나미가 윤기 나는 갈색 머리카락을 쓸어 올렸다.

"창업자들이 모두 조금 전 얘기한 버스 한 대에 탄 대부호네요."

"이야, 정답이야" 하고 보스는 미소를 지었다. 기뻐하면서도 나나미가 정답을 맞혀서 분해 하는 모습에서 보스다움이 느껴졌다.

"모든 사람의 생활을 똑같이 편리하게 만든 회사의 창업자들이 결과적으로 부자가 되었지."

보스의 설명에 나나미가 한숨을 쉬었다.

"그런 거였군요. 격차를 줄이는 서비스를 제공하고 있는데 부자라는 사실만 부각되고 있었네요."

"물론 금전적인 격차도 적은 게 좋지. 하지만 그 내용을 보지 않고 함부로 판단해선 안 돼. 자신의 입장을 이용해서 교활하게 돈을 버는 부자와 모두가 안고 있는 문제를 해결해 준 부자는 의미가 다르지."

회사가 모두가 안고 있는 문제를 해결하고 있다는 사실을 새삼 깨닫는다. 유토는 조금 전의 두 사람이 궁금했다.

"엔젤 투자라고 하셨죠? 보스가 투자하고 있는 그 회사는 어떤 문제를 해결하고 있나요?"

"학습 지원 AI를 개발하고 있어. 실현되면 지방에서도 질 좋은 교육을 저렴하게 받을 수 있게 되지. 미래로의 축적을 위해서도 생활을 편리하게 만들어 주는 회사가 늘어나야 해. 그런 회사가 궤도에 오를 때까지 나는 투자를 해서 지원하고 싶어."

그러나 보스의 그 생각을 유토는 순순히 받아들일 수 없었다.

"하지만 돈을 버는 것도 중요하죠? 복도에서 기다릴 때다 들렸어요. 돈이 안 벌리면 일하는 사람을 줄이는 게 좋다고요."

유토가 들이댄 증거에 "맞아" 하고 긍정한 보스는 기가 죽기는커녕 가슴을 펴고 단언했다.

"돈을 벌지 못하는 투자는 사회에 대한 죄야."

보스의 그 표정으로부터 심상치 않은 각오가 전해졌다.

◎ 젊은 시간이 미래를 창조한다

보스는 학습 지원 AI에 대한 투자를 예로 들며 투자의 진수에 대해 이야기하기 시작했다.

"그들의 회사에는 나를 포함해서 투자자들이 총 3억 엔을 투자하고 있어. 투자에 실패해서 손해를 보는 건 온전히 우리 투자자들이야. 그 3억 엔은 사업을 위해 일하는 사람들에게 지급되고 있고 세상의 돈의 양은 줄지 않아. 사회에서 돈은 손실되지 않지."

유토는 당구대 이야기를 떠올렸다.

"지불한 돈은 반드시 누군가가 받겠죠."

"그렇지. 사회 입장에서 돈은 아깝지 않아. 아까운 건 모두의 노동이야. 필요 이상으로 사람을 쓰는 게 사회에 대한 죄야."

보스의 말에는 열의가 담겨 있었다.

투자한 3억 엔은 회사에서 일하는 연구자나 회사에서 구입할 설비를 만드는 사람들에게 지급된다. 총액 3억 엔만큼의 노동이 투입되는 것이다. 그 금액 이상으로 벌 수 없다면 그들의 노동이 사람들에게 충분한 가치를 제공하지 못했다는 것이다.

그리고 보스는 단언했다.

"돈을 벌 전망이 보이지 않는다면 일을 시킬 필요 없지."

그 회사를 위해 일하는 연구자가 차라리 다른 연구를 하는 편이 세상에 도움이 될지 모른다는 것이 그 이유였다. 실제로 AI 회사에서 일하는 연구자나 기술자는 얼마든지 다음 직장을 구할 수 있다고 한다.

고개를 숙이고 이야기를 듣던 나나미가 고개를 들었다.

"투자의 목적은 돈을 늘리는 것이라고만 생각했어요. 사회에 대해 그렇게까지 생각하지 않았어요. 중요한 건 어떤 회사로 만들고 싶은가 하는 점이겠죠?"

쓴웃음을 지으며 부끄러움을 숨기는 그녀에게 보스가 다정하게 말을 걸었다.

"그런 생각이 들었다면 나도 이야기한 보람이 있구만. 주가가 오를지 떨어질지를 맞혀서 기뻐하는 사람은 투자

가로서는 삼류야. 그리고 투자하는 건 돈뿐만이 아니야. 조금 전의 두 사람은 좀 더 중요한 걸 투자하고 있어."

보스는 나나미와 유토를 차례로 바라보고 나서 천천히 이어갔다.

"그건 그들의 젊은 시간이야."

유토의 숨이 막혔다.

보스의 말에 심장이 강하게 쪼이는 듯했다. 자신도 전력으로 무언가에 몰두할 수 있을까 불안해진다. 그리고 열정을 다해 목표를 발견하고 있는 그들이 부러웠다.

◎ 돈의 너머 연구소

단번에 홍차를 비운 보스는 기세 좋게 의자에서 일어났다.

"그럼 연구소 안을 소개해 볼까."

보스의 제안에 유토의 기분이 들떴다. 화장실을 쓸 때마다 넓은 저택을 몰래 탐색하고 싶은 유혹에 사로잡혔다. 연구소에 떠도는 미스터리한 분위기뿐만 아니라 풍격 있는 건물 자체에도 매력을 느꼈다.

빨간 카펫이 깔린 복도로 나오자 보스는 느긋한 걸음으로 걸으면서 이야기하기 시작했다.

"이곳은 어느 유서 깊은 부자가 살고 있던 저택이었어. 그걸 10년 전에 사서 연구소로 사용하고 있는 거야."

유토와 나나미 두 사람은 어깨를 나란히 하고 곧바로 뒤를 따라갔다. 곧게 뻗은 복도 양쪽에는 세월이 느껴지는 문이 10개 정도 있었다.

그중 하나에 보스가 멈춰 섰다.

"이 방에서 투자에 대한 연구를 하고 있어"라고 말하고 묵직한 문을 밀어서 열었다.

방에 들어가자 분위기가 확 달라지면서 현대적인 분위기가 맴돌았다. 바닥과 벽이 새하얀 방에는 화면이 커다란 컴퓨터가 여러 대 놓여 있고 대여섯 명의 연구원들이 화면을 바라보고 있었다. 유토와 나나미 같은 손님에게 익숙한 것인지 그들은 시선을 움직이는 정도의 반응밖에 보이지 않았다.

연구원이라고 불리지만 그들이 흰 옷이나 정장이 아니라 캐주얼한 옷을 입고 있다는 점이 유토에게는 신선하게 다가왔다.

여기에서는 투자 분야에 대한 정보를 수집하거나 투자

처를 선정 및 조사하고, 때로는 투자처를 위해 인재를 발굴하는 경우도 있다고 한다. 또한 그 투자가 사회에 어떠한 영향을 미칠지도 연구하고 있다고 한다.

다음으로 보스가 안내한 방에서는 짧은 머리의 중년 여성이 나와서 설명해 주었다. 부소장이기도 한 그녀는 교육 관련 프로젝트를 총괄하고 있다고 한다. 주로 교육과 관련해서 지원을 하거나 장학금 제도를 운영하고 하고 있다고 한다.

"사쿠마 씨의 중학교도 지원이 필요하다면 꼭 알려 주세요."

중학생인 유토에게도 저자세로 이야기하는 그녀의 태도가 인상적이었다.

첫 번째 방에서 번 돈을 교육 중심의 몇 가지 프로젝트에도 사용하고 있다고 보스는 말해 주었다. 그밖에도 사회에 환원할 수 있는 사용법이 있다면 얼마든지 돈을 쓰고 싶다고도 말했다.

"돈을 쓰는 건 돈을 버는 것만큼이나 어려워. 잘 쓰지 않으면 이 또한 노동을 낭비하는 일이 되기 때문이지."

그야말로 '돈의 너머 연구소'라는 이름처럼 돈의 너머를 생각하면서 돈을 벌고 돈을 쓰고 있는 것이었다.

계속해서 회의실과 서고를 소개한 다음 보스는 "2층에 가서 한숨 돌릴까?"라고 말하며 계단을 오르기 시작했다.

두 사람도 그 뒤를 따라간다. 계단에는 카펫이 깔려 있지 않아서 나나미의 구두에서 '또각또각' 하고 소리가 났다.

정면의 방문은 철거돼 있어 누구나 자유롭게 드나들 수 있는 듯했다. 연구원들이 쉬거나 담소를 나눌 수 있는 공간으로, 심플한 디자인의 테이블 세트가 세 개 정도 놓여 있다.

방 중앙까지 걸어간 유토는 자신도 모르게 숨을 삼켰다.

개방감이 느껴지는 창을 통해 잘 가꾼 멋진 정원을 내려다볼 수 있다. 겨울에도 푸릇푸릇한 잔디를 볼 수 있고, 여름에는 발을 담그고 싶어지는 아주 맑은 연못을 즐길 수 있다. 다종다양한 수목도 심겨 있었고, 지금 계절에는 겨울철에 피는 동백꽃의 분홍색 꽃이 피어 있었다.

다만 정원이 이렇게 훌륭한데 높은 담장 때문에 밖에서는 조금도 보이지 않는다는 점이 아쉬웠다.

숨을 헐떡이며 계단을 오른 보스가 자판기 버튼을 누르자 페트병에 담긴 물이 나왔다. 모든 음료는 무료로 마실 수 있다고 한다.

그는 가까이에 있는 의자에 앉아 물을 한 모금 마셨다.

"꽤 훌륭한 정원이지? 이 건물도 정원도 다 마음에 들어. 가능하면 이대로 남기고 싶은데 말야⋯⋯."

보스의 얼굴이 어두워 보인다.

"이사라도 하시는 건가요?"

유토의 물음에 보스는 잠시 동안 말없이 정원을 바라봤다.

"원격으로 일하는 사람도 늘고 있고, 이제 조금 좁아도 괜찮지 않을까 생각하고 있어."

빈터로 만들어 버리면 곧바로 토지를 살 사람이 나타날 거라고 하는데, 사용 가치를 최대화하고 싶어 하는 보스는 그걸 피하고 싶은 듯했다. 건물을 효과적으로 활용할 수 있다면 건물을 통째로 기부해도 상관없다고 한다. 그런 아이디어가 있다면 언제든 알려 달라고도 말했다.

연구소의 가치를 높일 수 있는 사람에게 재산을 물려주려고 하는 것 같다던 나나미의 예상은 대강 맞았다고 할 수 있다. 그는 별장도 돈도 자신을 위해 쓰려고 하진 않았다.

다만 후계자를 찾고 있는 것 같진 않았다. 보스 혼자 멋대로 연구소를 운영하고 있는 것이 아니라 많은 사람이 사회에 대한 책임을 느끼면서 이곳에서 일하고 있다. 부소장만 해도 교육에 대한 강한 신념을 갖고 있다는 걸 느낄 수 있었다.

그렇다면 보스의 목적은 뭘까.

두 사람에게 그저 사회의 구조에 대해 말해 주고 싶어서 이렇게 많은 시간을 쓰고 있다고 생각할 순 없다. 연구소 직원이 휴가를 간 연말에 굳이 두 사람을 초대한 것도 이해할 수 없다.

"유토 군의 말처럼 일하지 않고 돈을 버는 건 어려울지도 몰라. 하지만 나는 그 돈을 사회에 환원하려고 해. 과거에 대한 속죄 같은 거지."

이 속죄가 사실 보스의 목적과도 관계가 있었지만 이때는 미처 알지 못했다.

보스에 대한 수수께끼는 아직 남아 있었지만, 그와 함께하는 동안에는 사회에 대한 수수께끼를 밝혀 나가는 고양감을 느낄 수 있었다.

◎ 투자와 소비가 선택하는 미래

정원이 내다보이는 그 방에서 유토와 나나미가 같은

테이블에 앉자 보스는 다시 한번 투자에 대해 이야기를 꺼냈다.

"투자라는 건 미래에 대한 제안이야. 이런 제품이나 서비스가 있다면 미래는 더 좋아지지 않을까 하고 다 같이 제안하는 거지."

유토는 자신이 바라는 미래를 상상해 보았다. 어떤 병이든 치료할 수 있는 약이 생기면 병으로 고통받는 사람은 사라질 것이고, 안전하고 쾌적하다면 우주여행도 가보고 싶다. 어느새 유토의 머릿속에 있던 투자에 대한 이미지가 바뀌고 있었다.

"그리고 그 미래를 선택하고 있는 건 우리 한 사람 한 사람이지."

보스는 이어서 그렇게 설명했지만 유토는 이해할 수 없었다.

"저는 선택한 적 없어요."

"그렇지 않아. 분명히 선택하고 있어. 유토 군은 돈을 쓰지? 가장 최근에 산 게 뭐야?"

"어제 편의점에서 고기만두를 샀어요."

"그거야, 그거. 그런 소비 활동이 미래에 대한 투표가 되는 거야. 고기만두는 인기투표 상위 후보야. 그러니까 겨울이면 어느 편의점에서든 고기만두가 팔리지. 소비로 인해 흘러가는 돈이 미래를 선택하는 거야. 21세기 들어 정보 기술이 급격하게 발달한 게 좋은 예지."

"급격이라니 그렇게나 많이 바뀌었나요?"

"2000년경에는 스마트폰도 와이파이도 없었어. 인터넷에 접속한다는 건 집 전화 회선을 연결하는 거였지. 컴퓨터에서 전화번호를 누르는 소리가 들렸어."

"네? 정말인가요?"

지금과는 너무 달라서 당장은 믿을 수 없었다.

"정말이고말고. 정보 기술은 굉장한 기세로 발달했어. 그건 정보 기술을 사용한 상품이나 서비스에 모두가 엄청난 돈을 썼기 때문이지."

흘러가는 돈의 양이 많을수록 많은 사람이 일하고 있음을 의미한다. 투자나 소비한 돈이 어디로 흘러가느냐에 따라 사회에 무엇이 필요한지, 어떤 인재가 필요한지가 결정된다.

만약 정보 기술이 아닌 다른 분야로 돈이 흘러갔다면 지금과는 다른 현재를 살고 있었을 것이다. 자연환경을 보존하는 기술이 발달했을지도 모르고, 군사 기술이 발달한 무서운 세계가 되었을지도 모른다. 투자로 할 수 있는 것은 어디까지나 미래를 제안하는 것이고, 그 안에서 어떤 미래를 선택할지는 소비를 하는 모두의 가치관에 달려 있다. 보스는 역설했다.

"한 사람 한 사람의 행동은 작지만 그게 쌓이고 쌓이면 커다란 흐름이 되지. 격차도 마찬가지야. 한 사람 한 사람의 행동이 격차를 만들기도 하지."

화제의 중심은 미래에서 또다시 격차로 옮겨갔다. 보스는 사실 격차에 대해 이야기하고 싶어 하는 거라고 유토는 생각했다.

◎ 격차를 만드는 범인

나나미의 갈색 눈동자가 보스를 향했다.

"우리가 격차를 만들고 있다는 말씀인가요?"

보스는 가볍게 고개를 끄덕이고 물병을 들어 올렸다.

"지구를 순환하는 물을 상상하면 돼. 돈이 물이고 지갑은 물웅덩이. 그리고 물을 흘리는 건 우리 한 사람 한 사람이야. 내가 유토 군의 집에서 돈까스를 먹으면 물은 어디로 흘러갈까?"

유토는 강이나 폭포처럼 물이 계속해서 흘러가는 모습을 상상했다.

"일단은 보스의 물웅덩이에서 우리 물웅덩이로 흐르겠죠. 그 물은 돼지고기를 파는 정육점이나 쌀집으로도 흘러가고, 더 나아가 농가 같은 곳으로도 흘러갈 것 같은데…… 맞나요?"

"그런 느낌이지. 돈까스를 먹어도, 지하철을 타도, 영화를 봐도 다양한 곳으로 물이 흘러가지. 모두의 지갑에서 물이 흘러가는 과정에서 물이 고이기 쉬운 곳은 호수처럼 넓어지고, 물이 흐르지 않는 곳은 말라 버려. 격차는 그렇게 확장되는 거야."

유토는 "그러고 보니"라고 말하며 어떤 일을 떠올렸다.

"저희 부모님은 가급적이면 상점가에서 장을 보라고 말씀하세요. 그래서 책은 반드시 근처 서점에서 사고 가격이 조금 비싸더라도 전구는 상점가의 전기 가게에서 사요."

정확히 말하자면 가능한 한 돈까스 가게에 오시는 손님들의 가게에서 사라고 말씀하시는데 그렇게까지 말하는 건 부끄러웠다.

"호오" 하고 보스는 감탄했다.

"지역 사회 내의 유대감이 강하니까 그런 발상이 가능한 거야. 지역에서 돈을 쓰면 지역 경제가 활성화되지. 그 반대가 되면 돈이 밖으로 흘러나가서 지역 전체가 가라앉아 버려. 그렇게 지방과 도시의 격차는 커지는 거야."

조용히 이야기를 듣던 나나미의 입에서 "큰일 났다"라는 말과 함께 한숨이 새어 나왔다.

유토의 시선을 느낀 그녀는 부끄러워하며 말했다.

"봐봐, 버스 이야기가 나오는 격차에 대한 책이야. 아마존에서 샀어. 아마존의 창업자인 제프 베조스라는 사람은 대표적인 대부호야. 격차를 비판했던 나 자신이 격차를 넓히는 범인이었던 거지. 나도 이제 동네 책방을 이용해야겠어."

반성하는 나나미를 보스가 감싼다.

"온라인 사이트를 이용하는 게 꼭 나쁜 건 아냐. 일이 바쁘거나 자녀가 있는 사람들한테는 아주 큰 도움이 되지. 그 편리한 서비스를 제공하는 회사도 물론 나쁜 게 아냐. 하지만 결과적으로 동네 서점의 매출이 감소해서 점점 줄어들고 있는 건 사실이야. 내 행동이 어떤 영향을 미치는지를 이해하고 선택하는 게 중요하지."

보스는 한 번 기침을 하고 나서 말을 이어갔다.

"문제는 사회가 나쁘다고 생각하는 거야. 사회라는 악의 조직을 탓하고 내가 그 사회를 만들고 있다는 걸 간과하는 게 가장 고약하지."

나나미가 팔짱을 끼고 생각에 잠긴다.

"문제가 존재해도 나쁜 사람은 없네요."

"나쁜 사람이 있다면 이야기는 아주 간단해. 프랑스 혁명처럼 나쁜 짓을 하는 왕을 쓰러뜨리면 돼. 하지만 어딘가에 엄청난 악당이 있는 건 아냐."

"그럼 격차는 해결되지 않는다는 말인가요?"

"말라붙은 곳을 윤택하게 만들 수 있는 방법은 이외에도 있어."

보스는 창 쪽으로 눈길을 주더니 시선을 위로 옮겼다. 하늘에는 길고 가느다란 모양의 구름이 떠 있었다.

◎ 재분배의 비

"비……인가요?"

나나미가 묻듯이 중얼거렸다.

"맞아, 비를 내리게 하는 거야. 비구름을 만들려면 우선 돈을 증발시켜야 해.”

그렇게 말하는 보스에게 유토는 곧바로 트집을 잡는다.

“에이, 돈은 증발하지 않는데요.”

“그저 예를 든 거야. 내가 돈까스를 먹고 유토 군의 가게 물웅덩이에 1100엔을 흘렸을 때 100엔은 소비세로 증발해서 정부의 비구름에 흡수되는 거야.”

“뭐야, 증발이라는 게 세금을 말하는 거였구나. 저 같은 애들은 소비세 같은 건 잘 모른단 말이에요.”

유토가 투덜거리자 나나미가 어깨를 움츠리고 일부러 한숨을 쉬었다.

“그런 건 그나마 낫지. 사회인이 되면 각종 세금을 내야 하니까 말야. 사회보험료도 점점 늘고 있어서 일해서 번 돈의 절반 가까이가 증발해 버려.”

“절반이라니. 무슨 조공도 아니고.”

괭이를 들고 논밭을 경작하는 농민의 모습이 유토의 머릿속에 아른거렸다. 역사 수업에서 들은 오공오민✦의 세계다. 에도 시대의 농민은 아무리 땀 흘려 일해도 절반은 연공으로 바쳐야만 했다. 그들과 똑같은 미래가 기다

✦ 五公五民. 조공의 비율을 나타내는 말로, 수확량의 50퍼센트를 조공으로 바치고 남은 절반을 농민이 취한다.

리고 있다고 생각하자 유토는 서글퍼졌다.

"뭐야, 뭐야. 자네들" 하고 보스가 쓴웃음을 짓는다.

"마치 세금이 악역 같구만. 세금은 조공처럼 영주에게 뺏기는 게 아냐. 귀족이 서민에게 착취했던 프랑스 혁명 때와는 완전히 다르지. 세금이 비를 내려서 재분배하고 있는 거야."

"전 받은 적이 없는데요? 그런 비가 내리고 있나요?"

"아주 많이 내리고 있어. 고령자에게 주는 연금의 일부나 생활이 어려운 사람에게 지급하는 보조금, 육아 가정에게 지급하는 지원금 같은 건 내리쏟아지고 있어. 의료비나 교육비를 대신하듯이 간접적으로 지급되는 돈도 있지."

"그럼 저도 그 비를 맞고 있다는 말인가요……?"

학생인 자신을 위해 지급되는 돈에 비하면 지불하고 있는 소비세는 훨씬 적다.

제멋대로 불만을 쏟아냈음을 유토는 깨달았다.

보스가 계속 이어갔다.

"공무원의 월급이나 공공사업에 쓰이는 돈도 격차를 줄여. 예를 들어 경찰관이 충분히 있어서 우리는 모두 안심하고 지낼 수 있지. 치안이 불안한 나라였다면 보디가드를 고용할 수 있는 부자만이 신변의 안전을 확보할 수 있을 거야.”

그밖에도 도서관이나 공원, 도로 같은 공공 설비는 누구나 동등하게 이용할 수 있고 공공 서비스로 인해 얻을 수 있는 생활의 풍요로움에는 격차가 없다고 보스는 설명했다.

“그렇다면 쩨쩨하게 고등학교까지만 무상 교육이라고 하지 말고 대학교도 무료로 보내 주면 좋을 텐데요.”

유토는 입을 삐죽이면서 부모님의 얼굴을 떠올렸다. 두 사람이 주방에서 자신의 학비 마련에 대해 이야기하는 소리를 들은 적이 있다. 형이 대학에 합격하면 4월부터 학비가 꽤 든다고 한다.

“나도 개인적으로는 찬성이지만 그래도 어려운 문제야” 하고 나나미가 조심스럽게 말했다.

“어째서인가요? 무료로 해 주는 게 좋지 않나요?”

“대학에 가고 싶은 사람한테는 좋겠지. 하지만 대학에 가지 않는 사람은 그보다는 세금을 낮춰 주길 바라지 않을까? 프랑스는 대학까지 무료지만 세금이 비싸서 일을 해도 수중에 30퍼센트 정도밖에 남지 않는다고 프랑스 친구가 한탄했었어.”

보스도 뭐가 됐건 돈을 쓰는 데에는 신중했다.

"정부의 지출에는 소비에 따른 투표가 이뤄지지 않아. 다 같이 쓰지 않는 공공시설이나 공공서비스가 계속 남을 가능성이 있지."

"세금의 낭비……. 아, 노동도 낭비라는 말인가."

유토의 말에 보스는 눈을 가늘게 떴다.

"그걸 깨닫다니 꽤 대단한걸. 세금도 노동도 낭비하지 않기 위해 정부가 무엇에 돈을 쓰는지를 확실히 생각해야 해. 그래서 중요한 게……."

이야기를 멈춘 보스가 두 사람의 표정을 살피자 다부지고 씩씩한 목소리로 나나미가 대답했다.

"진짜 투표라는 거죠."

그녀의 말에 보스가 고개를 크게 끄덕였다.

"그렇지. 미래는 함께 결정하는 거야. 소비나 투자로 인한 돈의 투표 행동만으로는 한계가 있지. 사회 전체를 지지하기 위해서는 선거를 통한 투표가 필요해."

저번에 보스는 미래를 공유하는 것이 중요하다고 말했다. 그 의미를 유토도 이해하기 시작했다. 보스의 말은 늘 미래에 빛을 비춰 주기 때문에 긍정적으로 생각할 수 있다.

그런데 유토와는 대조적으로 나나미는 의아한 표정을

지었다.

그녀는 자세를 바로잡고 보스를 마주 보며 "계속 여쭤 보고 싶었던 게 있어요" 하고 말을 꺼냈다.

◎ 과거의 무거운 짐과 미래에 대한 기대

"과거부터 축적돼 온 게 있어서 지금 우리의 생활이 가능하다고 생각해요. 그래서 미래를 구축해야 한다는 책임을 느껴요. 하지만 도저히 납득할 수 없는 게 있는데……."

말을 꺼내기 어려워하는 나나미에게 보스는 모든 것을 깨달은 듯한 표정으로 미소 지었다.

"혹시 나나미 씨는 국가의 빚에 대해 묻고 싶은 건가?"

"어떻게 아셨어요?"

동그랗게 뜬 눈의 크기가 놀라움의 강도를 보여 주었다.

"일본 국채를 거래한다고 했으니까 말야. 게다가 일본의 빚이 사회 분단의 원인이 되고 있는 것 같아서 나도 걱정이야."

"그렇군요. 어째서 저희 세대가 이렇게나 많은 부담을

져야 하나 싶어요."

그녀의 이야기에 따르면 우리는 1000조 엔 이상의 빚을 지고 있다고 한다. 유토도 일본의 빚이 많다는 건 알고 있었지만 거액의 수치를 듣자 남 일처럼 느껴진다.

보스는 그녀에게 제안했다.

"나나미 씨의 의문에 대해서는 또 다음에 시간을 내서 천천히 생각해 볼까? 미래에 대해 기대할 수 있는 대답을 함께 찾아 봐야지."

"네! 기대하고 있을게요."

나나미는 들뜬 목소리로 대답했다.

다음 만남은 2주 후인 1월 말경으로 결정되었다.

그런데 일정이 몇 번이나 연기됐다. 보스가 일이 바빠서 시간이 좀처럼 나지 않는 듯했다. 유토는 어렴풋이 불안을 느끼고 있었다.

그러나 2월이 되어 함께 지내던 형이 대학 수험의 고비를 맞이할 무렵, 보스에 대한 생각은 머릿속 한편으로 물러나 있었다.

제4장

요약 정리

☐ 금전적인 격차와 생활의 풍요로움의 격차는 서로 다르다.

☐ 격차가 없는 풍요로운 생활을 제공하는 사람들이 결과적으로 부자가 되어 있다.

☐ 소비와 투자의 흐름에 따라 미래가 선택된다.

☐ 투자된 돈 자체가 아니라 그 돈을 받아서 연구 개발하는 사람들이 미래를 창조한다.

☐ 한 사람 한 사람이 만든 돈의 흐름이 격차를 만들고 있다.

☐ 현대에서 세금은 지배자가 착취하는 것이 아니라 돈을 재분배하는 데 쓰이고 있다.

☐ 정부에 의한 재분배는 한 사람 한 사람의 투표에 의해 결정된다.

사 회 의 수 수 께 끼

미래에는 증여밖에
할 수 없다

부자의
마지막
가르침

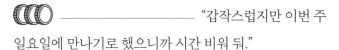 "갑작스럽지만 이번 주
일요일에 만나기로 했으니까 시간 비워 둬."

오랜만에 나나미에게서 연락이 왔을 때에는 벌써 3월
도 중순에 접어들어 있었다. 중학교 2학년 마지막 시험이
끝나고 봄 방학만을 기다리던 따스한 날 밤의 일이었다.

메시지에는 두 가지 내용이 덧붙여 있었다. 하나는 보
스의 강의가 그의 연구소가 아니라 그가 입원 중인 병원
에서 이뤄진다는 것. 다른 하나는 입원이라 해봐야 검사
입원이니 걱정하지 않아도 된다는 것이었다.

유토는 "알겠습니다!"라고 답장을 보냈다.

스마트폰에서 눈을 떼고 고개를 들자 방구석에 쌓인
상자가 또 하나 늘어 있었다.

제1지망 대학에 무사히 합격한 형은 조금 전부터 이사
준비를 하고 있다. 주말부터 도쿄에서 새로운 생활을 시
작할 예정이다.

그 모습을 바라보는 유토의 마음속에서 다양한 감정이
일었다. 혼자 방을 쓰는 건 좋지만 함께 지낼 시간이 이제
얼마 남지 않았다고 생각하니 서운한 마음도 든다.

"형, 혼자 산다고 생각하니 기분이 어때?"

"그야 설레긴 하지. 근데 가자마자 바로 아르바이트 구해야지, 뭐."

"좋겠네. 아르바이트도 재밌을 거 아냐."

부러워하는 유토에게 형은 짐을 싸던 손을 멈추고 질린 듯한 표정을 지었다.

"너 말야, 그렇게 태평한 소리 하지 마. 대학 졸업하면 학자금도 갚아야 해."

"학자금이라는 게 빚이야?"

"그렇지. 내가 받은 건 나중에 갚아야 하니까."

"그게 얼만데?"

"300만 엔."

"엄청나네……."

큰 금액에 놀라서 유토는 천장을 올려다봤다.

"너도 어중간한 생각으로 대학 가지 마. 부모님한테도 부담이고. 넌 나랑 네 살밖에 차이가 안 나서 엄마 아빠가 꽤 신경 쓰시는 거 같아."

평소에 하던 의미 없는 농담이라고 생각해서 유토는 트집을 잡는다.

"나이 차 같은 게 뭐가 중요해."

"뭘 모르네, 이 녀석은."

형은 웃으면서 고개를 저었다.

"내가 재수를 하거나 유급이라도 한다고 쳐 봐. 그럼 네가 대학에 들어갔을 때 나도 아직 대학생이겠지. 동시에 대학생 두 명을 책임지기는 아주 힘들 거야. 뭐, 네가 대학에 갔을 때 일어날 일이지만."

그렇게 말하고 형은 다시 짐을 싸기 시작했다.

유토는 자신의 선택에 책임이 따른다는 것을 뼈저리게 느꼈다. 그리고 서운하다는 둥 부럽다는 둥 아이 같은 감정만 느꼈다는 점이 부끄러웠다.

◎ 미래의 외상이 되지 않는 빚

일요일 오후, 유토는 역 앞에서 나나미를 만나 함께 버스를 타고 병원에 도착했다. 시내에서 가장 큰 그 종합병원에는 여러 번 신세를 진 적이 있다.

정면 현관을 지나서 나나미에게 "병동은 이쪽이에요"라고 안내했을 때 나나미가 갑자기 멈춰 섰다.

"왜 그러세요?"

유토가 재빨리 반응했다.

나나미는 고개를 숙인 채 심호흡을 하고 다시 고개를 들었다.

"잠깐 현기증이 나서. 이제 괜찮아."

걱정돼서 더 말을 붙이려고 했지만 그녀가 다시 걷기 시작해서 유토는 말없이 뒤를 따라가기로 했다.

5층으로 올라가서 면회 접수를 끝내자 수습 중이라고 적힌 배지를 단 간호사가 보스의 병실 앞까지 안내해 주었다. 그 병실의 문은 다른 방보다 훨씬 컸다.

'똑똑똑' 하고 나나미가 노크를 한다.

방 안에서 "들어오세요" 하는 소리가 들리자 그녀는 천천히 문을 옆으로 열었다.

넓은 실내는 마치 호텔 같았다. 침대는 물론이고 서재 책상과 대형 벽걸이 TV, 냉장고도 놓여 있었다. 소파에는 잠옷 차림의 남성이 오도카니 앉아 이쪽을 바라보고 있었다.

"오, 자네들. 잘 왔구만" 하고 남자는 오른손을 들어 올렸다. 평소와는 다른 잠옷 차림 때문인지 보스가 가냘파 보인다.

"검사 입원이라고 들었는데 몸은 괜찮으세요?"

나나미가 걱정스러운 목소리로 물으면서 보스와 마주 앉았다. 유토도 그 옆에 앉는다.

"잠깐 컨디션이 나빠졌을 뿐인데 혹시 모르니 검사 입원을 하라고 하더라고. 병원엔 어제 왔어."

보스의 말에 따르면 1월에 우리를 만난 이후 갑자기 일이 바빠져서 두 사람과 만날 시간도, 병원에서 검사를 받을 시간도 나지 않았다고 한다. 보스의 설명은 그럴싸하게 들렸다.

시간이 아까운지 보스는 재빨리 본론에 들어갔다.

"어쨌건 배움을 멈춰선 안 되지. 저번에 이어서 계속 얘기해 볼까. 나나미 씨는 분명 일본이 안고 있는 빚이 마음에 걸린다고 했었지."

"맞아요. 빚 이야기를 했었죠. 일본 정부는 1200조 엔의 빚을 안고 있으니까 한 사람당 1000만 엔을 부담하는 꼴이 돼요."

거액의 빚이 있다는 건 알았지만 유토는 1인당 빚의 양을 듣고 비로소 실감했다.

"한 사람당 1000만 엔이나 된다고요? 저희 형의 빚은 아무것도 아니네요."

나나미가 의아한 얼굴로 유토를 바라본다.

"형이 빚이 있니? 아직 학생이잖아."

"대학에 가는 데 학자금으로 300만 엔을 빌린다고 했어요. 그 금액에도 고민이 많았는데 나라 빚은 정말 상당하네요. 하지만 우리가 갚는 건 아니겠죠?"

유토의 낙관적인 추측을 보스는 딱 잘라 부정했다.

"그렇지 않아. 정부가 곤란에 빠지면 빚을 갚기 위해 우리는 세금을 더 내야 할지도 몰라. 우리는 이익도 책임도 공유하고 있으니까 말야."

유토는 서서히 화가 나기 시작했다.

"어째서 우리가 빚을 갚아야 하는 건가요?"

눈앞에 앉은 보스를 추궁해도 별 수 없지만 보스처럼 느긋하게 소파에 앉아 있는 노인의 모습이 떠오른다. 그들은 앞뒤 생각하지 않고 자신들의 생활만 생각하며 빚을 늘려 왔다. 그리고 지금쯤 싱글벙글 웃으며 잘 살고 있을 것이다. 빚을 갚지 않고 어떻게든 잘 도망쳤다고 생각하면서 말이다.

"자기들은 편하게 살고 그 계산서를 미래로 떠넘기다니 너무 교활하지 않나요?"

유토의 불만을 들으면서 보스는 "어이차" 하며 일어났다. 냉장고에서 페트병에 든 보리차를 꺼내서 두 사람 앞에 한 병씩 내려놓았다. 보스도 같은 것을 마시고 있었다.

"그렇구만. 유토 군의 눈에는 교활해 보이나 보구만. 왜 그렇게 생각하는 거지?"

평소의 패턴이라고 유토는 생각했다. 그가 당연한 질문을 던질 때는 틀림없이 함정이 있다. 하지만 솔직한 생각을 말할 수밖에 없다.

"왜냐하면 옛날 사람들은 세금도 안 내고 빚을 지고 편하게 살았잖아요. 그래서 우리가 열심히 일해서 돈을 벌어 빚을 갚아야 하는 거잖아요."

예상했던 대답이었지만 보스는 히쭉 웃었다.

"호오. 아주 흥미로운 얘기구만. 옛날 사람들이 편안하게 지낸 탓에 미래의 사람들이 일을 해야 한단 말이지. 하지만 타임머신은 존재하지 않아."

"왜 갑자기 타임머신 이야기를 하시는 건가요?"

"미래의 사람을 여기에 데려와서 일하게 하면 우리는 편하게 생활할 수 있겠지. 하지만 그런 건 불가능해."

보스의 이야기도 이해가 안 가는 건 아니다. 아프리카를 지원하는 도모토의 사무실에서 나눴던 대화를 떠올렸다. 과거부터 축적되어 온 것들 덕분에 우리는 잘 살고 있다. 하지만 반대로 미래의 사람들의 덕을 볼 순 없다. 그럼 대체 빚이란 뭘까. 유토는 혼란스러워졌다.

"하지만 저희 형은 300만 엔만큼의 일을 해서 빚을 갚아야 해요. 빚을 지면 나중에 일을 해서 갚잖아요."

"가정의 빚과 국가의 빚에는 큰 차이가 있어."

젠체하는 보스의 말투 때문에 애가 탔지만 평소와 다르지 않은 보스의 모습에 조금 안심했다. 분명 검사 입원 결과는 문제가 없을 거라고 유토는 생각하고 있었다.

◎ 안쪽과 바깥쪽에서 일하는 사람들

보스는 일단 질문부터 시작했다.

"두 빚의 차이는 누가 일하고 있는지 생각하면 알 수 있어. 형은 학자금으로 빌린 돈으로 누가 일을 하게 만들지?"

"그야 대학교수와 직원들이겠죠."

유토는 일단 대답했지만 보스의 질문의 의도를 전혀 파악할 수 없었다. 평소와 다를 게 없었지만 말이다.

"대학교수를 일하게 했으니 언젠가는 형이 일을 해서 빚을 갚아야겠지. 마찬가지야. 그럼 정부가 빚을 내서 도로를 만들면 누가 일을 할까?"

"그야 도로를 건설하는 사람들이겠죠. 하지만 그것도 똑같잖아요. 일을 하게 만드는 거니까 언젠가는 일을 해서 돈을 갚아야 하겠죠."

그 대답을 듣고 보스는 말없이 미소를 짓고만 있었다. 다시 생각해 보라는 의미다.

유토가 고개를 갸우뚱하고 생각에 잠기자 벽 쪽에 놓여 있던 커다란 화병에 문득 시선이 멈췄다. 화병에는 아주 큰 거베라 몇 송이가 고개를 늘어뜨리고 있었다. 어제 입원했다고 했는데 벌써 이렇게 시들어 버린 걸까.

그 이상의 잡념은 나나미의 발언 때문에 중단되었다.

"그 차이라는 건 안쪽과 바깥쪽의 차이인가요?"

보스의 눈썹이 씰룩거린다.

"그게 무슨 뜻이지?"

"가정의 빚은 가정 바깥쪽 사람들에게 돈을 지불해서 일하게 만들죠. 하지만 나라가 빚을 내서 도로를 만들면 나라 안쪽에 있는 사람들이 일을 해요. 즉 우리가 일을 하는 거죠."

나나미의 대답에 보스가 만족스러운 표정을 지어 보였다.

"잘 깨달았구만. 사쿠마 달러랑 똑같아. 20 사쿠마 달러를 지불해서 사쿠마네가 대청소를 한다고 가정해 볼까. 아버지가 세금을 걷는 대신 빚을 져도 결국 형제 중 누군가가 반드시 대청소를 하게 되지. 편하게 있을 수만은 없다는 말이야."

그 말을 듣자 유토는 드디어 이해했다. 머릿속에서 굳어 있던 노인의 이미지가 갑자기 무너져 간다. 그들은 결코 게으름을 피우고 있던 게 아니다.

자신들이 열심히 일해서 원하는 걸 손에 넣어 온 것이다.

하지만 아직 의문이 남아 있었다. 이 퍼즐을 풀려면 아직 발견되지 않은 조각이 필요했다.

"일하지 않고 농땡이를 부린 게 아니란 건 이해했어요. 그런데 그 막대한 빚은 어떻게 갚나요?"

"걱정할 필요 없어. 갚으려고 하면 일하지 않아도 갚을 수 있지."

우묵하게 들어간 보스의 눈은 확신에 차 있었다.

◎ 탐내는 예금과 거부하는 빚

"지금까지 정부가 빚을 져서 쓴 돈은 사라진 게 아냐.

도로의 건설 비용은 건설하는 사람이 받고 매년 정부가 지불하는 20조 엔 정도의 의료비도 간호사나 의사가 받는 셈이지."

보스는 웃는 얼굴로 설명해 주었지만 언제 적 이야기인가 싶어 유토는 곤혹스러웠다.

"최근에 받은 돈이라면 안 쓰고 남겨 뒀을지도 몰라요. 하지만 옛날에 받은 돈은 진작에 쓰였어요."

"유토 군, 한동안 안 본 사이 다 까먹은 건가?"

보스는 놀리듯이 웃더니 움푹 팬 볼을 만지며 말했다.

"돈은 물이랑 똑같아. 아무리 많이 쓰여도 누군가의 물 웅덩이로 이동하는 것뿐이야. 시간이 흘러도 누군가가 뒤를 이어 받고 있고 지금도 존재하고 있지."

유토는 자신의 잘못을 깨달았다. 분명 시간이 흘러도 상관없다. 그렇다면 정부가 쓴 돈은 누군가가 갖고 있다. 즉 빚을 진 만큼 모두의 돈이 늘어나고 있다는 말일까.

이에 대해서는 나나미가 잘 알고 있었다.

"말씀하신 것처럼 개인이나 기업이 은행에 맡긴 돈은 1400조 엔 이상 돼요."

"좋은 정보구만" 하고 보스는 검지를 치켜들었다. 그리고 예금과 빚의 관계에 대해 이야기하기 시작했다.

예금이란 돈을 보관하는 것이 아니라 은행에 빌려주는 것이라고 한다. 은행은 예금한 사람에게 돈을 빌린 것이고 그 돈을 또 누군가에게 빌려주고 있다.

보스가 저번에도 말했듯이 돈은 이동할 뿐 늘어나거나 줄어들지도 않는다. 예금의 증가는 돈 자체의 증가가 아니라 돈을 빌려주고 빌리는 횟수의 증가를 의미한다.

현재 일본에서 예금이 대폭 늘어난 이유는 그만큼 빚이 늘어나고 있기 때문이라고 한다. 주로 돈을 빌리는 것은 정부라고 한다.

보스는 얼굴을 찌푸리고 투덜거리기 시작했다.

"다들 윗세대에게 불만을 품고 있어. '윗세대가 진 빚 따위 알 바 아니야. 왜 우리가 갚아야 하지?'라고 말하지. 그런데 부모에게 상속받는 건 당연하다고 생각해. 자신들의 입장에서만 생각하다 보니 부모도 윗세대라는 걸 잊고 있는 거야."

정부의 빚은 마이너스, 개인이나 기업의 예금은 플러스에 해당한다. 돈의 플러스 마이너스는 상쇄되어 이전 세대로부터 이어받고 있다고 보스는 설명해 주었다.

플러스만 원하고 마이너스는 필요 없다고 말하는 것은 자신에게만 유리한 행동이다.

보스의 이야기는 논리적인 것처럼 들린다. 그러나 유토는 순순히 받아들일 수 없었다. 가슴에 어떤 응어리가 있었지만 말로 설명할 수 없었다.

◎ 똑같은 세대 내의 격차

보리차가 든 페트병에 입을 갖다 대면서 유토는 병실 안을 아련하게 바라보았다.

널찍한 서재 책상은 광택이 나는 다갈색 목재로 만들어진 것으로 유토의 책상과는 비교가 되지 않을 정도로 비싸 보였다. 화병도 침대도 지금 앉아 있는 소파도 모두 값비쌀 것이다.

벽걸이 TV만큼은 유토네에 있는 TV와도 견줄 만해 보였다. 하지만 유토네 TV는 절인가 신사에서 기증받은 것이었다.

이 방에 입원할 수 있는 보스가 얼마나 유복한 인물인지 다시 한번 실감한다. 유토의 입에서 자연스럽게 불만이 흘러나왔다.

"당연히 보스처럼 부잣집에서 태어나면 좋겠죠. 상속

도 많이 받을 수 있으니까요. 하지만 저희 집은 그런 돈은 없고 정부의 빚만 짊어지고 있어요. 부잣집 애들은 치사해요."

가슴속의 응어리는 바로 감정이었다. 정부의 빚만큼 예금이 늘고 있다는 이야기는 자신과는 관계가 없는 것처럼 느껴졌다.

"그렇군. 치사하게 느껴지나 보구만. 뭐, 나는 내 자식들한테 돈은 안 물려줄 거지만 말야."

"보스에게도 자식이 있나요?"

예상 밖이었다. 왠지 보스에게는 가족이 없을 거라고 생각했다.

"와하하하" 하고 보스는 마른 웃음소리를 내며 말을 얼버무렸다.

"나는 전 세계인이 가족이고, 젊은이들은 모두 내 자식이라고 여기고 있어. 그보다 유토 군은 조금 전에도 치사하다고 말했는데, 치사하다고 느끼는 대상이 달라진 것 같은데?"

보스의 말대로였다. 조금 전까지는 미래 세대에게 계산서를 떠넘기는 과거 세대가 치사하다고 생각했는데 지금은 그 대상이 돈이 많은 사람으로 바뀌었다.

문제는 세대 간의 불평등이 아니라 같은 세대 내의 격차였던 것이다.

"격차의 문제는 진지하게 생각해야 해. 적어도 과거 세대가 미래 세대에게 계산서를 떠넘기는 게 아니라는 건 이해했겠지?"

유토는 머릿속에서 사실 관계를 정리해 보았다.

나라는 빚을 지고 돈을 썼다.

하지만 그걸 받아서 일하고 있는 건 나라 안의 사람이었다.

옛 세대가 빚은 졌지만 그들이 일하지 않고 게으름을 피운 것은 아니다.

나라가 빚을 내서 쓴 돈은 누군가의 지갑 속에 존재하고 있다.

고개를 끄덕이며 하나하나 확인하고 있는데 나나미가 또 다른 의문을 제기했다.

"저는 아직 신경 쓰이는 게 하나 있어요. 실제로 빚을 너무 많이 져서 파탄이 난 국가도 있죠. 최근에는 아르헨티나와 그리스가 파탄이 날 뻔했어요. 그건 어떻게 생각하세요?"

"훌륭한 질문이구만. 신경 쓰이는 점을 끝까지 파고드는 정신은 중요하지. 나도 그 이야기를 하려고 생각했었어."

보스가 계속 말을 이어가려고 하자 누군가 병실 문을 노크했다.

"진구지 씨, 저 좀 들어갈게요."

밖에서 들리는 목소리와 함께 안경을 낀 간호사가 들어왔다.

유토는 진구지 씨를 찾아서 방 안을 둘러보았지만 당연히 보스 외의 인물을 생각할 수 없었다. 진구지라는 성씨는 처음 들어봤다. 하지만 어쩐지 기억에는 남아 있었다.

'진구지神宮寺'라는 한자가 머릿속에 떠오른다. 어디서 본 걸까. 당장은 떠오르지 않았다.

간호사가 지금부터 30분 정도 검사를 진행한다고 해서 유토와 나나미는 잠시 방에서 나가 있기로 했다.

◎ 시간은 돌아오지 않는다

1층 카페에서 시간을 보내려고 두 사람이 복도를 걸어가고 있는데 갑자기 주변이 시끌벅적해졌다.

구급 대원들이 환자 이송용 침대차를 밀면서 바로 옆

으로 지나간다. 복도에 울리는 발소리와 수레바퀴의 삐걱거리는 소리가 공기를 뒤덮었다. 긴박함이 느껴지는 분위기 속에서 그들은 서로 소리치고 있었다. 들것이 안쪽 거치실로 들어가자 복도는 다시 한번 고요함을 되찾았다.

그 광경을 보던 유토는 일하는 사람들이 사회를 떠받치고 있다는 보스의 말을 떠올렸다.

"저런 사람들 덕분이군요."

나나미에게 들리게 한 말이지만 그녀는 움츠린 채 움직이지 않았다.

"괜찮으세요?"

유토의 걱정 어린 목소리에 그녀는 겨우 "미안" 하고 짧게 대답했고 이마에 손을 갖다 댔다. 그 손은 미세하게 떨리고 있었다.

정면 현관 옆에는 도심에서도 볼 수 있는 프랜차이즈 카페가 영업 중이었다. 유토가 가져온 카페라테를 한 모금 마시자 나나미가 기운을 조금 되찾았다.

"미안, 이제 괜찮아."

"여기 왔을 때에도 힘들어 보였는데 병원에 가서 진찰

을 받으시는 게 좋겠어요.”

“내가 너무 놀라게 했지. 병원에 가는 걸 별로 안 좋아할 뿐이야. 병원에 들어갔을 때 나는 소독약 냄새도 그렇고, 조금 전처럼 침대차에서 나는 수레바퀴 소리도 꺼려지더라고.”

그 기분을 모르는 건 아니다. 유토도 어렸을 적에는 예방주사를 맞는 게 싫었다. 하지만 어엿한 어른인 나나미가 병원을 무서워하는 건 조금 우스꽝스러웠다.

“그땐 금방 퇴원할 수 있다고 생각했는데 말야.”

유토의 얼굴에서 미소가 사라졌다. 먼 곳을 바라보는 그녀는 분명 돌아가신 어머니를 떠올리고 있을 것이다.

“시간이란 건 절대 되돌릴 수 없다는 너무나 당연한 사실을 깨달은 거지…….”

돌려줄 말이 떠오르지 않아 유토는 카페라테를 입에 대고 침묵으로 얼버무려 넘겼다.

“보스도 걱정이야. 모처럼 가까워졌는데 건강을 되찾으셨으면 좋겠어.”

걱정하는 나나미의 말에 유토는 부자연스러울 정도로 즉각 반응했다.

“너무 걱정하지 마세요. 단순한 검사 입원이니까.”

속마음은 정반대였다. 병실의 시든 꽃이 신경 쓰였다. 유토는 재빨리 화제를 바꿨다.

"뜻밖에도 보스한테 자녀가 있었네요. 평소에 가족 얘기는 잘 안 하시잖아요."

"이런저런 사정이 있겠지. 연구소는 여기 있지만 간사이 사투리를 쓰니까 어쩌면 가족이랑 멀리 떨어져 지내고 있을지도 모르지."

간사이 사투리를 쓰는 보스가 이 도시에 사는 데에는 어떤 이유가 있는 걸까. 조금 전 가족 이야기를 얼버무린 것도 마음에 걸린다. 그리고 유토는 진구지라는 이름을 어디서 봤는지도 신경 쓰였다.

◎ 일할 수 없게 된 나라의 앞날

병실로 돌아가자 보스가 생글생글 웃으며 소파에 앉아 기다리고 있었다. 시간이 아까운지 두 사람이 앉기도 전에 이야기를 시작했다.

"빚을 져서 파탄이 난 나라도 있는가 하면 파탄 나지 않는 나라도 있어. 그 돈으로 누구를 일하게 했는지를 보면

둘을 구분할 수 있어. 파탄 난 나라는 나라 안의 사람들이 일하지 않았지. 가정의 빚과 마찬가지로 바깥쪽에 있는 사람들에게 지나치게 의지한 거야."

파탄 난 나라의 사정은 대부분 비슷하다고 보스는 말한다.

빚을 져도 국내 노동력에 의지하면 문제없지만, 외국인을 고용한 탓에 돈이 점점 밖으로 흘러나가서 미래 세대가 일을 해서 갚아야만 하는 상황이 된 것이다. 외국에 지불해야 하는 계산서가 너무 많아져서 파탄이 난 것이라고 한다.

그 말을 듣고 유토는 걱정이 됐다.

"일본은 괜찮나요? 제대로 일하고 있는 건가요?"

"좋은 포인트야. 일본은 외국에 의지하기도 하고 외국을 위해 일하기도 해. 문제는 외국에 너무 의지한다는 점이야. 그럼 돈이 점점 밖으로 흘러가지. 무역 흑자라는 말은 들어본 적 있나?"

수업 중에 선생님에게 지목을 당했을 때처럼 유토의 어깨에 힘이 들어갔다.

"음, 수출은 돈이 들어오고 수입은 돈이 나가니까…… 수입보다 수출이 많으면 무역 흑자가 돼요. 맞죠?"

불안한 속마음을 눈치 챘는지 보스는 다정하게 미소 지었다.

"어렵게 생각하지 않아도 돼. 유토 군의 집이 독립해서 하나의 국가를 만들었다고 생각해 봐."

유토네 나라에서는 돈까스가 수출품이고 옷이나 전기 같은 생활필수품은 수입한다. 돈까스가 많이 팔려서 무역 흑자가 되면 이 나라의 돈은 쌓여 간다. 돈이 쌓인다는 말은 외국을 위해 열심히 일하고 있다는 뜻이다. 미래 세대는 그 돈을 써서 외국 사람들이 일을 하게 만든다고 보스는 설명해 주었다.

"그렇군요. 무역을 그렇게 이해하면 되겠어요" 하고 나나미가 감탄한다.

보스에 따르면 일본이 지금까지 쌓아 온 무역 흑자는 무려 250조 엔이나 된다고 한다. 그 거액의 수치야말로 일본인의 국민성을 보여준다고 한다.

그것은 일본인의 근면성이다.

"빚을 졌지만 게으름을 피워서 돈을 밖으로 흘려보내지 않았어. 오히려 바깥쪽에서 돈을 벌어 왔지. 자신들을 위해 일했을 뿐만 아니라 외국을 위해 250조 엔이나 벌어 온 거야."

"뭐야, 걱정할 필요 없었네요."

유토는 가슴을 쓸어내렸지만 보스의 이야기는 여기서 끝나지 않았다.

"기쁨을 헛되게 만들어서 미안하지만 이대로라면 일본 은 위험해."

◎ 미래의 계산서가 될 진짜 적자

최근 들어 일본은 무역 적자가 큰 폭으로 증가하고 있 다고 한다. 과거에는 품질이 좋아 일본 전자제품이 날개 돋친 듯 팔렸지만 다른 나라의 기술 수준이 향상되면서 수출을 늘리기가 쉽지 않다고 한다. 게다가 고령 인구가 늘어나면서 의료 및 간호 분야에서 일할 일손 확보 문제 도 안고 있다.

"수출이 늘어나지 않는다고 해서 수입을 누를 수도 없 는 노릇이죠."

나나미도 떨떠름한 표정을 지으며 말했다. 식료품이나 에너지 자급률이 낮은 일본은 밀가루 같은 식료품이나 발전에 필요한 에너지 자원을 해외에 의존하고 있다고 한다.

"나나미 씨 말대로야. 음식이나 전기는 생활필수품이니까 수입을 안 할 수 없지. 이게 명품백이면 안 사고 참으면 그만이겠지만 말야."

그런데 무역 적자가 늘어나면 정말 곤란한 걸까. 유토의 머릿속에 물음표가 떠올랐다.

"무역 적자는 외국으로 돈이 흘러가서 안 좋은 거죠? 그렇다면 돈을 인쇄해 버리는 되는 거 아닌가요?"

"재미있는 아이디어구만. 하지만 문제는 국내에 있는 일본 엔이 부족해지는 게 아냐. 외국이 일본 엔을 많이 갖게 되는 거지."

외국인들은 일본 엔으로 일본 제품을 사거나 일본을 여행하는 등 다양한 형태로 일본인을 일하게 할 수 있다. 만약 외국인들이 일본 엔을 대량으로 보유하고 그것을 쓰기 시작하면 일본에 있는 우리는 우리의 생활뿐만 아니라 외국을 위해서도 많이 일해야만 한다.

그것이야말로 미래로 떠넘기는 계산서가 된다고 보스는 말한다.

"그런데 그걸 막을 순 없나요?"

유토는 그 이야기를 유토 자신의 나라에 대입해서 생

각해 보았다.

"제 나라에서 발행한 사쿠마 달러를 외국인들이 많이 갖는 거랑 똑같은 거죠? 그럼 사쿠마 달러를 못 쓰게 하면 되는 거 아닌가요?"

유토의 반론에 보스는 고개를 저었다.

"그건 도매상이 허락하지 않지. 일본 엔이 쓸모없어지면 외국인들은 일본 엔을 원하지 않게 돼. 일본 엔의 가치가 떨어지고 아무도 식료품이나 석유를 팔아 주지 않을 거야. 그렇게 되지 않기 위해서라도 무역 적자는 무시할 수 없어."

말을 마치자 보스는 갑자기 콜록거리기 시작했다. 얼굴이 순식간에 빨개졌다.

"괜찮으세요?"

나나미가 걱정스럽게 다가가서 보스의 등을 조심스럽게 두드렸다. 기침은 한동안 계속되었지만 그녀가 등을 두드릴 때마다 조금씩 잦아들었다.

"이제 괜찮아. 미안, 미안해."

세 번 정도 심호흡을 하고 나서 보스는 이야기를 이어 갔다.

"나나미 씨의 응어리는 해소되었나? 우리는 빚과 맞바

꿔서 지금과 같은 생활을 할 수 있는 게 아냐. 빚만큼 예금이 존재하고 있고 지금은 외화를 많이 갖고 있어. 하지만 지금이 바로 힘껏 버텨야 할 때야.”

“우리의 생활은 과거의 축적 위에 성립한다는 건 변함없는 사실이죠. 미래에 계산서를 떠넘기지 않기 위해서라도 외국에 의지하지 말고 외국을 위해 뭘 할 수 있는지 생각해야겠어요.”

“무엇을 하는 게 정답인지 우린 몰라. 게다가 지금 우리는 일본에 대해서만 생각하고 있어. 외국에 대해 생각한 게 아냐. 자네들이 생각하는 올바른 미래를 꼭 만들었으면 해.”

‘똑똑’ 하고 다시 한번 노크 소리가 울리고 조금 전과는 다른 간호사가 들어왔다.

“환기할게요.”

그녀는 큰 창에 드리워져 있던 얇은 하늘색 커튼을 기세 좋게 열었다. 바깥 풍경이 방 안으로 들어온다.

강가의 벚꽃길이 멋진 분홍색 띠를 그리고 있었다. 만개한 벚꽃이 강의 수면에 비쳐 온통 분홍색으로 물들어 있다.

간호사는 창을 절반 정도 열고 나서 곧바로 방을 나갔다.

보스는 그 풍경을 바라보면서 감회가 새로운 듯 이야기하기 시작했다.

"우리는 좋든 싫든 돈에 매혹당하고 있어. 이 돈이라는 존재를 걷어치우면 경제의 풍경도 완전히 다르게 보이지."

"어떤 풍경 말씀인가요?"

나나미가 묻자 보스는 한마디 중얼거렸다.

"증여야."

밖을 가만히 바라보는 보스는 벚꽃의 아름다움을 눈에 새기고 있는 것처럼 보였다.

"경제가 이 정도로 발전한 건 증여 덕분이야. 우리는 상품이나 노동을 돈과 교환하고 있다고 생각해. 하지만 사실 전부 증여하거나 증여받는 거야. 돈에 매혹당한 덕분에 증여가 교환으로 보이게 된 거야."

이야기를 전혀 따라가지 못해 유토는 쓴웃음을 지었다.

"증여라는 건 선물이라는 뜻이죠? 우리는 돈과 상품을 바꾸고 있는데 그게 사실은 선물이었다니 터무니없는 소리예요."

"터무니가 없다고? 와하하하."

보스는 소리를 내서 웃었다.

그 웃는 얼굴에 봄의 온화한 태양빛이 비치고 있었다.

◎ 세계는 증여로 이뤄져 있다

보스는 페트병에 든 보리차를 다 마시고 잠옷 주머니
에서 익숙한 검은 물체를 꺼냈다.

그가 애용하는 만년필이다.

"돈이 존재하지 않던 시대에 우리는 물물교환을 했지.
내가 차가 마시고 싶어서 이 만년필이랑 차를 교환했다
고 해 볼까? 그런데 여기에는 문제가 있어. 서로가 원하
는 걸 갖고 있지 않으면 교환이 성립하지 않는다는 점이
야. 나나미 씨가 만년필을 원해도 차가 없으면 교환할 수
없는 거야."

나나미의 페트병은 거의 비워져 있었다.

"반대로 유토 군은 차를 갖고 있지만 만년필을 원하진
않는다고 해 볼까? 우리가 교환밖에 알지 못했다면 아무
일도 일어나지 않을 거야."

나나미가 만년필을 가진 보스의 오른손을 바라본다.

"이 상황에서 필요한 게 증여라는 건가요?"

"그렇지. 증여가 경제를 발달시키는 거야. 예를 들어, 이렇게 되면 나랑 나나미 씨는 행복해지겠지."

보스는 오른손에 든 만년필을 나나미에게 건네고 오른손으로 유토의 페트병을 들어 올렸다.

"이게 바로 경세제민이야."

차를 뺏긴 유토는 납득할 수 없었다.

"하지만 모르는 사람한테 차를 뺏기면 기분이 나쁠 거예요. 물론 보스는 잘 아는 사이니까 원한다면 주겠지만요."

"그렇지. 모르는 사람한테 증여하기는 어려워. 그럼 경제는 발전하기 어렵겠지. 그걸 가능하게 하는 게 돈이야. 나는 나나미 씨한테 만년필을 주고 돈과 교환하는 거야. 그 돈을 유토 군에게 주고 차와 교환하는 거지. 돈을 없애고 생각하면 결과적으로 조금 전의 증여와 똑같은 흐름이 만들어지고 있어. 강제로 증여를 재촉하는 거지."

"아주 멋진 생각이네요."

나나미의 얼굴이 순식간에 밝아져서 보스도 밝은 얼굴로 이야기를 이어간다.

"바로 이 증여가 세계를 만드는 거야. 지금 내가 자네들한테 돈과 경제를 주제로 강의를 하는 게 진정한 증여지. 그 대가로 집 청소나 식사 준비를 요구하진 않아. 자네들은 내 이야기를 듣고 미래를 위해 무언가를 해야겠다고 생각할 거야. 그럼 또 다른 증여가 일어나는 거지.”

“증여라니……. 형의 대학 등록금도 누가 무료로 대주면 좋을 텐데.”

유토는 불만을 토로했지만 그것이 바로 증여와 비슷한 것이라고 보스는 가르쳐 주었다.

“형은 대학교수님들에게 학문을 배우지만 교수님들을 위해 일을 해서 빚을 갚는 건 아니지. 사회에 나가 돈을 벌어서 학자금을 갚는 거야. 그 돈을 벌 때 미래의 누군가를 위해 일하는 거야. 이게 바로 그다음에 일어나는 증여지.”

“그렇구나. 그런 식으로 생각하는 거군요. 빚이라고 생각하면 무겁지만 대학에서 공부를 시켜 줬으니 사회에 도움이 되는 일을 한다고 생각하면 조금은 마음이 편해지네요.”

“세계는 증여로 이뤄져 있어. 내가 타인에게, 타인이 나에게 증여를 하고 과거에서 현재로, 현재에서 미래로 증여가 일어나는 거야. 그 결과로 우리는 서로를 지탱하며 살아가고 더 좋은 미래를 만들 수 있어. 그걸 보충하는 게 돈이라고 나는 생각해.”

“미래에 제가 회사에서 일하는 것도 증여라는 말씀이

죠? 그런데 제가 사회에 나가서 뭘 할 수 있을지 전혀 모르겠어요."

곤란한 표정을 짓는 유토에게 보스는 "조급해하지 말고 천천히 찾으면 돼" 하고 다정하게 말했다.

"죄송해요. 슬슬 신칸센을 타러 갈 시간이네요."

나나미가 어렵게 말을 꺼냈을 때는 면회 종료 시간인 오후 5시가 조금 지나 있었다.

"자, 다음에 만날 때까지 한 가지 숙제를 낼게. 자네들은 누굴 위해 일하고 있는지 생각해 봤으면 해. 이건 곧 누구의 행복을 바라는가에 대한 질문이기도 하지."

"네. 생각해 볼게요."

나나미가 대답했다. 그리고 "이거, 돌려드려야겠어요"라고 말하며 조금 전 받은 만년필을 내밀었다.

그런데 보스는 만년필을 받는 대신 양손을 가슴 앞에 모았다.

"미안하지만 한 가지 부탁을 들어 주지 않겠나? 만년필에 잉크를 충전해서 다음에 올 때 가져왔으면 해."

"아주 간단한 부탁인데요?"

나나미는 미소를 지으며 만년필을 가방에 넣었다.

"그리고 유토 군에게도 부탁이 있어. 아래 매점에서 칫솔을 사다 주게."

"네. 금방 사 올게요."

유토는 손을 올리고 명랑하게 대답했다.

"자네들에게 부탁을 한 가지씩 했으니 내 강의는 증여가 아니라 교환이 되어 버렸구만."

호쾌한 웃음소리는 들리지 않았지만 보스는 만면의 미소를 보여 주었다.

그로부터 한 달 후, 유토에게 연구소 부소장의 연락이 왔다.

보스가 돌아가셨다고 했다.

유토가 할 수 있는 것은, 자신이 누구를 위해 일하는가에 대한 숙제의 답을 찾는 것이었다.

제5장

요약 정리

□ 전체 예금이 늘어나고 있다는 것은 누군가가 빚을 지고 있다는 것 뿐이다.

□ 과거에서 미래로 떠넘겨진 계산서가 존재하는 것이 아니라 같은 세대 내에 격차가 존재하고 있다.

□ 빚을 지는 나라가 아니라 일을 하지 못하는 나라가 파탄이 난다.

□ 외국에 의존하고 있다면 외국에 대해 어떤 가치를 제공할 수 있는 가를 생각해야 한다.

□ 사람 간의 증여와 과거에서 현재로, 현재에서 미래로 이뤄지는 증여가 경제를 발전시킨다.

마지막 수수께끼

우리는
혼자가 아니다

부자의
마지막
가르침

◎◎◎ ───────────────── 유토는 긴장한 표정으로 엘리베이터의 숫자 버튼을 가만히 바라보고 있었다. 28…… 29…… 30…… 숫자가 점점 커지는 것을 봐도 자신이 빠른 속도로 올라가고 있다는 실감은 나지 않는다.

중학교 3학년이 된 유토는 골든 위크를 이용해 형이 있는 도쿄에 와 있었다. 보스의 부고를 듣고 2주가 흘렀다. 영화관에서 시간을 보낸다는 형과는 1층에서 헤어지고 유토만 50층으로 올라왔다.

여기에서 나나미와 만나기로 했기 때문이다.

전망 좋은 카페를 예약해 준 그녀는 아직 도착하지 않았지만, 입구에서 그녀의 이름을 대자 카페 점원이 창가 자리로 안내해 주었다.

전면이 통유리 창으로 되어 있어 도쿄 거리가 한눈에 들어왔다. 곳곳이 푸릇푸릇했지만 육지의 대부분은 콘크리트와 아스팔트로 뒤덮여 있었다. 한편 파란 하늘을 덮고 있는 것은 아무것도 없었다. 지상에서는 눈에 들어오지 않았던 도쿄 하늘의 광활함에 압도되었다. 하늘은 끝없이 이어져 있다.

보스를 떠올린다. 어딘가에 살아 있진 않을까 하는 환상이 머리를 스쳤다.

한없이 펼쳐지는 하늘 아래에 그가 웃으며 지내는 도시가 하나 정도 있어도 이상하지 않다. 그렇게 생각하고 싶었다.

가방에서 하늘색 봉투를 꺼내서 테이블 위에 슬쩍 올려 두었다. 세상을 떠난 보스가 두 사람에게 남긴 편지였다.

점원이 가져온 메뉴판을 들춰 보려고 했을 때 나나미가 시원하게 걸어 들어왔다. 하늘색 셔츠 원피스의 소매가 걸을 때마다 우아하게 흔들렸다.

"오래 기다렸지. 미안해."

그녀는 미소로 사과했다. 보스와 함께 있을 때에는 볼 수 없었던 긴장감 없는 자연스러운 미소였다.

"전혀요. 괜찮아요. 그보다 엄청나네요, 여기 경치."

"모처럼 도쿄까지 왔는데 이런 데 와 줘야지."

그녀는 생긋 웃더니 오른손을 들어 손짓으로 점원을 불렀다.

"나는 아이스티랑 밀 크레이프를 주문할 건데 유토 군은 이미 주문했어?"

"저도 똑같은 걸로 할게요."

유토는 곧바로 대답했다. 앞으로 일어날 일을 생각하면 메뉴를 천천히 고를 수 없었다. 자연스럽게 행동할 수 있을지 불안했다.

주문을 끝낸 나나미가 테이블 위의 봉투를 조심스럽게 가리켰다.

"이거야? 맡아 둔 편지라는 게."

"네. 저랑 나나미 씨한테 남긴 편지예요."

"솔직히 좀 놀랐어. 보스를 금방 또 만날 수 있을 거라 생각했거든."

나나미는 고개를 살짝 숙이고 쓸쓸한 표정을 지었지만 다시 고개를 들고 물었다.

"그래서 편지는 이미 읽었어?"

"아니요. 아직 안 열어 봤어요."

"그럼 읽어 줘."

나나미는 밝은 목소리로 말했다.

봉투를 열어서 유토는 편지를 꺼냈다. 나나미의 허락 없이 열어선 안 될 것만 같았다.

"그럼 읽을게요."

보스의 부드러운 미소를 떠올리며 유토는 천천히 입을

열었다.

나나미 씨, 유토 군. 잘 지내지? 한번 더 만나서 이야기하고 싶었지만 약속을 못 지켜서 미안해. 미처 전하지 못한 말들은 편지로 남기기로 했어. 자네들에게 내가 숙제를 하나 남겼었지.

누굴 위해서 일하는가?

이 질문에 자기 자신이나 가족이라고 대답하는 사람이 많을 거야. 그들은 '누굴 위해 돈을 버는가'라는 질문을 받았다고 생각해. '일한다'라는 말을 '돈을 벌다'라는 말로 자동 변환하고 있는 거지.

자산 운용을 권유하는 은행원이 "돈이 일하게 합시다"라고 말할 때의 '일하다'도 '돈을 벌다'라는 의미야. '일하는 여성'이라는 표현을 할 때 전업주부는 포함하지 않지. 가족을 위해 집안일을 하거나 아이를 키우는 등 분명 일을 하고 있는데도 말야. 여기서 '일하는 여성'은 '돈을 버는 여성'이라는 의미로 쓰이고 있어. 이건 돈의 노예가 되었다는 증거라고 나는 생각해.

"나도 동감해, 이건."

나나미가 끼어든다.

"계속 위화감을 느꼈어. '여성의 노동 참가'나 '맞벌이'

라는 표현을 많이 쓰는데 집안일이나 육아를 하는 주부는 놀고 있는 게 아니잖아."

가벼운 분노를 드러내는 나나미에게 유토는 쩔쩔맸다.

"저도 동감이에요. 하지만 저는 생각지도 못한 시점이에요."

"그런데 보스가 여성의 입장에서도 생각했다니 놀라운 걸."

유토는 나나미의 감정에 동의하면서 다시 편지로 시선을 옮겼다.

본래 일을 한다는 것 자체가 누군가에게 도움이 되는 행위를 한다는 거야. 누군가가 안고 있는 문제를 해결하는 거지. 유토 군의 부모님이 돈까스를 만드는 건 손님들의 허기를 채우기 위함이고, 유토 군이 교실을 청소하는 건 반 친구 모두를 위한 거야.

그 일하는 행위에 돈이 결부되어 있는가 그렇지 않은가는 본질적으로 관계가 없어.

한 사람 한 사람이 누군가의 문제를 해결하고 있기 때문에 우리 사회는 성립하는 거야. 여러 번 말했듯이 돈이 사회를 떠받치는 게 아냐.

저번에 돈이라는 시스템을 도입해서 사회가 확장됐다고 말했는데 절반은 거짓말이야. 틀림없이 화폐 경제가 발전해서 전 세계 사람들이 물건을 사고팔게 됐지. 서로 협력하는 사회가 펼쳐진 거야.

하지만 거기에 동료 의식 같은 실제적 느낌은 뒤따르지 않아. 서로 협력하고 있다고 실감할 수 있는 '우리'의 범위는 오히려 좁아진 것처럼 느껴져. 내가 세계라는 휑뎅그렁한 사회의 일원이라고 느끼긴 어려워. 오히려 내가 어렸을 때 '우리'의 범위가 더 넓었던 것 같아.

잠시 내 인생을 함께 돌이켜 봐 주었으면 하네.

일본이 패전 이후 재기하려던 시대에 나는 농갓집에서 태어났어. 당시 주변에는 서로 도우면서 사는 사람들이 있었고 그걸 사회라고 느꼈어.

모내기나 수확 같은 농작업이 버거울 때 다른 농가와 협력하는 건 당연한 일이었지. 멧돼지가 밭을 어지럽혀서 곤란에 빠졌을 때에도 관공서에 도움을 구하지도 않았고, 구제해 줄 업자에게 돈을 지불하지도 않았어. 모두 스스로 울타리나 망을 설치해서 농작물을 지키거나 덫을 놔서 멧돼지를 잡았지.

장례식이나 결혼식도 지역 사람들의 도움을 받으면서 준비했어. 모두 함께 슬퍼하고 함께 기뻐했지. 지금처럼 돈을 지불해서 모르는 사람의 도움을 받아 문제를 해결하는 게 아냐. 문제를 해결해 줄 사람들이 늘 주변에 있어서 그들의 얼굴이 보였지.

보스가 그런 생활을 했다는 사실이 유토에게는 의외였다.
"대부호인 보스에게도 그런 시절이 있었군요."
"나도 자세히는 모르지만 전후에 한동안은 일본 전체가 빈곤한 생활을 했다고 들었어. 그래도 지역 사회가 서로 협력해서 살아남을 수 있었겠지."
그때 점원이 아이스티와 밀 크레이프를 가져왔다.
"주문하신 메뉴는 다 나왔습니다. 천천히 즐기다 가세요."
그 기계적인 말투에 유토는 약간의 불편함을 느꼈다.

초등학생 때 근처 상점가 식당에 뻔질나게 다녔던 걸 기억하고 있어. 밥을 먹기 위해서가 아니라 TV로 역도산 프로레슬링을 보기 위해서였지. 작은 TV 화면을 수십 명이 둘러싸고 봤어. 당시는 물건이 부족한 시대였어. 서민 가정에는 TV뿐만 아니라 가전제품이 없었고 공부하는 데 필요한 책도 충분하지 않았어. 옷이나 음식이 부족하기도 했지.
하지만 지금처럼 불평하는 사람은 없었어. 불만을 쏟아 내도 해결할 수 있는 게 아니었지. 그저 우리의 손과 발을 움직여서 서로 도울 수밖에 없었어. 그래도 안 되면 참을 수밖에 없었지. 사회에 감촉이 있었다고 해야 할까. 서로를 돕는다는 걸 바로 느낄 수 있었어.

전기도 부족했던 시대라 어렸을 때 일주일에 몇 번은 전기 사용이 제한됐어. 언제든 전기를 쓸 수 있게 된 건 발전용 댐이 완성되고 나서부터야. 그 댐의 건설 공사에는 100명 이상이 희생되었다고 해. 감촉이 있는 사회였으니 그들 덕분에 우리가 편리한 생활을 하고 있다고 감사할 수 있었지.

신칸센도 그때 개통됐어. 서민이 이용하기에는 너무 비쌌지만 미래로 데려다 줄 탈것이 생긴 것 같아서 기뻤지.

댐이나 신칸센을 만든 사람들을 만난 적은 없지만 똑같은 하늘 아래에서 살아가고 있고 우리를 위해 일해 주었음을 충분히 느낄 수 있었어. 일을 한다는 건 누군가에게 도움을 주는 거라고 어렸을 때부터 느끼고 있었지. 나도 그런 의미에서 일하는 어른이 되고 싶다고 생각했어.

그런데 현실은 달랐어. 어렸을 적 꿈꾸던 어른은 되지 못했고 돈의 마력에 홀려 버렸지.

편지 속의 보스가 아주 생생하게 이야기하고 있었다.

234

"돈의 마력……."

연봉을 기준으로 일을 고르려고 했던 유토에게 경고를 하는 것 같았다.

나나미도 끄덕였다.

"돈의 노예가 되지 말라고 말했던 건 다 이유가 있었네."

일을 하면서 야간 대학에 다니려고 오사카에 갔지만 도박에 빠져 대학은 바로 그만뒀어. 그러고 나서 이런저런 일을 했지. 여기엔 쓸 수 없는 사기 같은 짓도 했을지 몰라.

돈이 좀 모이니까 돈이 더 갖고 싶어져서 회사를 시작했어. 마침 버블 경제의 파도가 밀려왔을 때라 그 파도를 타고 회사는 순조롭게 성장했어. 돈만 있으면 사람이 모이니까 돈을 더 많이 벌 수 있었지.

그런데 버블이 붕괴되면서 돈이 거품처럼 사라졌어. 재산이라고 생각했던 사원들은 대부분 그만뒀지. 돈이 끊기자 인연도 끊긴 거야. 나는 결국 그 정도의 인간관계밖에 쌓지 못했던 셈이지.

그런 실패를 경험하면서 드디어 깨달은 바가 있었어. 돈을 못 벌면 회사는 존속할 수 없지만 돈을 버는 것 자체를 목적으로 하면 회사는 오래 가지 않아. 회사가 오래 갈 수 있는 이유는 사회에 도움이 되고 있기 때문이야. 그 결과로 돈을 벌 수 있지. 그런 회사에 사람도, 돈도 모이는 거야.

나는 남아 준 사원들과 다시 한번 회사를 만들었어. 실패를 통해 배운 것을 실천했더니 회사는 점점 커졌지.

그렇게 번 돈은 투자로 굴렸어. 투자라고 해서 주식 거래로 돈을 번 건 아냐. 더 좋은 미래를 만들기 위해 도전하는 젊은이들에게 자금을 제공했지. 그렇게 투자를 해서 돈이 더 불어나면서 나는 돈을 만들어 내는 연금술사라고 불렸지.

하지만 돈을 많이 벌 생각은 추호도 없었어. 사람을 키워서 미래를 만들 생각이었지. 그 후 나는 고향에 돌아와서 자네들이 와 준 연구소를 만들었어.

나나미가 "와" 하고 작게 감탄하고 "유토 군네 동네 출신이었구나" 하고 중얼거렸다.

유토는 어떤 말을 하려고 했지만 계속해서 편지를 읽기로 했다.

정신을 차리고 보니 어렸을 적의 감각이 돌아와 있었어. 다시 한번 사회에 감촉을 느껴서 '우리'라고 생각할 수 있는 범위가 넓어졌지.

'우리'를 확장하면 사회를 느끼는 방식이 달라져. 유토 군이 연말에 사 온 도라야키를 200엔에 손에 넣었다고 느낄 것인지, 전통 과자 가게 할머니가 만들어 줬다고 느낄 것인지의 차이야.

'우리'의 범위가 좁아서 할머니가 바깥쪽에 있는 생판 남이라고 생각하면 도라야키를 200엔에 손에 넣었다고 느낄 거야. 즉 돈이 모든 것을 해결했다고 생각하는 거지. 하지만 '우리'의 범위가 확장돼서 할머니를 안쪽에 있는 동료라고 생각하면 할머니가 만들어 줬다고 느낄 거야.

이 '우리'의 범위는 아는 사람인가 모르는 사람인가가 기준이 아니라 우리의 의식에 달렸어. 돈의 노예가 된 사람일수록 이 범위는 좁아져서 가족 정도밖에 들어갈 수 없지. 아니, 가족조차 들어가지 못하는 사람도 있을 거야.

그럼 자신의 생활을 떠받치는 건 돈이라고 생각해 버리지. 지인의 가게든 아니든 일을 해 준 사람의 덕분이라고 생각하지 못하는 거야. 사회를 '우리'의 바깥쪽이라고 생각해서 모든 것이 남 일이 되고 돈을 불릴 생각밖에 하지 못하지.

여기까지 단숨에 읽은 유토는 아이스티를 입으로 흘려보냈다. 마른 목에 차가운 물기가 스며들어 번진다. 나나미는 근심에 잠긴 듯했다. 유토가 유리잔을 테이블에 내려놓자 그녀가 고개를 들었다.

"나도 어머니가 돌아가시고 나서 외톨이가 된 기분이 들었어. 하지만 보스의 이야기를 들으면서 조금 헷갈렸어. 주변 사람들과 서로 지지하고 있다는 기분이 들었다고 할까. 그걸 '우리'라고 느끼고 있는지는 잘 모르겠지만 말야."

"저도 마침 최근에 비슷한 걸 느꼈어요. 보스에게 영향을 받기도 해서 상점가 행사를 돕게 되었어요. 그럴 땐 '우리'의 범위가 확장되고 있다는 느낌이 들어요."

"동네에 그런 연결고리가 있다는 건 참 좋은 일인 것 같아."

나나미는 그렇게 말하더니 창밖으로 시선을 옮겼다. 그녀의 시선이 먼 하늘을 향해 있는 것을 보고 유토는 다시 한번 편지를 읽기 시작했다.

내가 자네들에게 꼭 하고 싶은 말은 '우리'의 범위를 넓혔으면 한다는 점이야. 가족, 친구, 회사 동료, 같은 나라에서 살아가는 사람들, 그리고 세계 전체.

공간뿐만 아니라 시간도 확장시킬 수 있어. 과거의 사람이나 미래의 사람도 포함해서 '우리'가 될 수 있지.

사회를 생각한다는 의미이기도 하지만 그뿐만이 아냐. 나를 위해서라도 사회의 일원이라고 생각하는 것이 좋아. 그래야 고독을 느끼지 않을 테니 말야. 돈이 많아도, 누군가와 함께 있어도 과거의 나는 고독했어.

그럼 어떻게 하면 의식이 바뀌고 '우리'가 확장될까?

내가 생각하는 한 가지 방법은 목적을 공유하는 거야.

예를 들어, 재해가 일어났을 때 '우리'라고 느낄 수 있는 범위가 급속도로 확장되는 걸 경험한 적 있지 않아? 서로 떠받치며 살고 있음을 실감하고 사회에 대한 감촉을 다시 느낄 수 있지. 다른 사람을 위해 할 수 있는 일을 고민하는 사람이 늘어나서 다들 자원봉사에 참가하거나 구호물자를 보내기도 하는 거야. 그건 '일상생활을 되돌리기'라는 목적을 사회 전체에서 공유할 수 있기 때문이라고 생각해. 동일본대지진이 일어났을 때 자위대나 많은 자원봉사자들이 구호 활동을 했어. 수많은 나라들이 구조 부대를 보내 왔고, 세계 곳곳의 사람들과 서로 지지하고 있다고 실감할 수 있었어. 재해가 일어나서 세상의 구조가 바뀐 게 아냐. 그저 우리의 의식이 바뀌었을 뿐이야.

그러니까 나는 똑같은 목적을 공유하는 게 중요하다고 생각해. 누구나 공유할 수 있는 목적은 미래야.

기후 변화가 됐건 자연 파괴가 됐건 전 세계가 직면하고 있는 문제에 관심을 갖고 미래를 지킨다는 목적을 공유할 수 있다면 '우리'는 확장돼. 돈의 노예가 되어 가는 어른들처럼 SDGs✦라는 표어를 내걸기만 하고 비즈니스 기회로 삼아 돈 벌 생각만 하면 '우리'의 범위는 확장되지 않을 거야. 돈의 쟁탈이 시작되는 거지.

그렇게 되지 않기 위해서 우리는 미래를 공유해야 해.

편지의 내용과 행간, 그리고 세게 눌러 적은 글씨에서 보스의 생각이 잘 전해졌다. 하지만 유토는 다음 행에 시선을 옮기고 읽기를 망설였다.

"왜 그래? 모르는 한자라도 있어?"

"아니요, 부끄러워서요."

사실 다른 감정이 떠올랐지만 나나미에게 말할 순 없었다. 유토가 편지에서 눈을 떼자 몸을 앞쪽으로 내민 나나미가 편지를 들여다보았다.

"역시, 그래서 그랬구나?"

상황을 파악했다고 생각한 그녀는 입가에 부드러운 미소를 띠웠다.

✦ Sustainable Development Goals. 지속 가능한 발전 목표.

그리고 "내가 읽을게"라고 말하며 편지를 들어 올려 마저 읽기 시작했다.

한 가지 더 중요한 점은 진심으로 사람을 사랑하는 거야. 가족이든 연인이든 누가 됐든 상관없어. 그럼 우리의 의식은 크게 달라져. '우리'의 범위에 사랑하는 사람이 더해지기만 하는 게 아냐. 타자를 사랑하는 법을 알면 그 사람이 어떻게 느끼고 있는지를 생각하게 되지. 나와 타자는 관점이나 느끼는 방식이 다르다는 걸 처음 깨닫는 거야.

그리고 사랑하는 사람을 지키려고 하면 사회가 남 일이 아니게 돼. 나만 생각하면 내 주변의 일만 신경 쓰면 돼. 그런데 사랑하는 사람은 늘 내 옆에 있는 게 아냐. 나와 멀리 떨어져 지낼지도 모르고 내가 먼저 죽을 수도 있지. 그럼 그 사람을 지키기 위해 사회가 나아지길 바라게 돼. '우리'의 범위가 넓어지는 거지.

나도 마찬가지야. 새로 설립한 회사가 궤도에 올랐을 때 나는 결혼을 했어. 하지만 회사를 우선한 나머지 가족과 멀어졌지. 이건 내 탓이야.

이제 더 이상 만날 순 없지만 난 헤어진 아내와 자식을 여전히 사랑하고 있어. 그녀들의 행복을 생각하면 사회가 남 일이 아니게 돼. 사회나 미래에 대해 처음으로 생각하게 된 거야.

그러니까 자네들도 꼭 사랑하는 사람을 찾길 바라네.

"사랑하는 사람이라……."

나나미는 스스로에게 묻듯 중얼거리며 잠시 공중을 보고 있었다.

그녀의 머릿속에 떠오른 것은 누굴까. 어머니를 떠나보낸다는 것은 어떤 기분일까.

긴 침묵이라고 생각했지만 불과 몇 초였을지도 모른다. 그 사이 유토는 그저 조용히 그녀를 바라보고 있었다.

"이제 한 장 남았으니까 마저 읽을게."

그녀는 그렇게 말하고 다시 편지를 읽기 시작했다.

마지막으로 내가 좋아하는 이야기를 소개하고 싶네. 경제학자인 프리드먼이라는 사람의 유명한 스피치야. 그는 연필 한 자루를 꺼내고 이렇게 말했어.

"이 연필을 만들 수 있는 사람은 전 세계에 한 명도 없습니다."

연필은 워싱턴 주에서 벌채된 나무로 만들어져. 그 나무를 쓰러뜨리는 톱은 강철로 만들어지고, 그 강철을 만들려면 철광석이 필요하지. 가운데 박힌 검은 심은 압축한 흑연으로 만드는데 남아프리카의 여러 광산에서 온 거야. 이외에도 연필 끝에 붙어 있는 작은 지우개나 연결 부위에 쓰이는 금속, 도료, 그것들을 고정시키는 약제까지 수천 만 명의 사람이 그 연필을 만들었다고 프리드먼은 설명했어.

내가 좋아하는 건 그다음에 이어지는 이야기야.

같은 언어를 쓰지 않는 사람, 서로 다른 종교를 믿는 사람, 만나면 서로 미워할지도 모르는 사람들이 힘을 모아 연필을 만들고 있다는 거야. 돈을 사용한 경제로 인해 사람들 사이에 조화와 평화가 촉진되고 있다고 그는 말했어.

돈은 전 세계 사람들을 연결해 주지. 하지만 돈의 노예가 되어선 안 돼. 서로 유대를 느끼고 '우리'의 범위를 넓혀야 해. 나나미 씨의 이름처럼 일곱 개의 바다를 사이에 두고 '우리'의 범위를 전 세계로 확장시켜 보길 바라.

공간뿐만 아니라 시간도 뛰어넘어 '우리'는 확장되지. 과거의 역사는 연호를 기억하기 위해 존재하는 게 아냐. 현재의 생활의 초석이 되고 있어.

과거로부터 받은 바통을 미래로 이어나가길 바라네.

나의 '우리'에는 당연히 자네들도 들어가 있어. 그리고 내 자식들처럼 생각하고 있지. 멀리서나마 자네들의 활약을 기도하겠네.

사랑하는 사람이 생겨서 '우리'가 확장되었을 때 다시 만나세.

나나미는 마지막 문장을 읽고 편지를 조용히 테이블에 내려놓았다.

유토는 의자 등받이에 몸을 맡기고 천장을 올려다본다. 눈물이 쏟아지지 않게 꾹 참았다.

맞은편에서 얼음이 대그락대는 소리가 들려온다. 나나미가 아이스티를 빨대로 섞고 있는 듯했다.

유토가 천장에 매달린 조명의 흰 코드를 아련하게 바라보고 있는데 그녀의 목소리가 들려왔다.

"돈 버는 걸 좋아하는 사람이 왜 사회와 미래에 대해 이야기하는 건지 이해가 안 갔었는데 많은 일이 있었구나. 그래서 보스는 '우리'의 범위를 넓게 느낄 수 있었던 거겠지."

유토는 심호흡을 하고 마음을 가다듬은 다음 천천히 시선을 돌렸다.

"저도 드디어 이해한 것 같아요. 보스가 말하는 경제는 겉보기에만 번지르르한 거라고 생각한 적도 있었어요. 그런데 '우리'가 확장되면 그렇게 느낄 수 있겠네요. 정말로."

편지의 여운에 잠기면서 두 사람은 조용히 밀 크레이프를 먹었다. 나나미는 절반 정도 먹고 접시 위에 포크를 내려놓았다.

"근데 말야. 보스가 저번에 내 준 숙제에 대해서는 생각해 봤어? 누구를 위해 일하는 거냐고 물으셨었지?"

"아직 잘 모르겠어요."

유토는 대답했다.

평소라면 거기에서 이야기를 끝냈을지도 모른다. 하지만 보스의 편지 때문인지 아직 정리되지 않은 생각을 이야기해 보고 싶어졌다.

"그런데 부모님이나 주변 사람을 바라보는 관점이 조금 바뀐 것 같아요."

"오, 어떤 식으로?"

"예전에는 손님은 신이라고 말하는 부모님을 싸늘한 눈으로 바라봤어요. 그런데 그건 돈 때문만은 아닌 것 같아요. 손님에게 맛있는 식사를 대접하고 싶어 하는 마음도 크겠다는 생각이 들었어요. 주변 상점가 사람들도 똑같아요. 전통 과자 가게 할머니도 모두가 맛있게 먹길 바라니까 모치쓰키✦ 대회 같은 걸 여는 거고, 한산해 보이는 책방 아저씨도 우리가 읽었으면 하는 책을 진열해 두

✦ 일본의 연례행사인 떡메치기 대회로 동네 사람들이 모여 떡을 만들어 먹는 행사.

는 거겠죠. 모두들 누군가의 행복을 바라며 일한다는 생각이 들기 시작했어요. 그게 바로 '우리'를 확장시키는 일이라고 생각했어요."

"무슨 말인지 알 거 같아. 우리 회사 이념이 'Customer comes first'야. 손님이 제일이라는 뜻이지. 사업을 하는 주제에 손님을 제일로 생각한다는 건 그저 허울 좋은 말이라고 생각했는데 손님에게 도움이 되는 일을 하니까 돈을 벌 수 있는 거잖아. 분명 누군가를 위한 연필을 만들고 있는 거지."

"연필이요?"

유토는 되물었다.

"그래. 편지에 적혀 있던 연필 이야기. 나무를 자르는 사람은 그 나무가 연필이 될 거라고 생각하지 못하고 그 연필이 누구에 의해 어떻게 쓰일지도 몰라. 하지만 누군가에게는 분명 도움이 되고 있을 거야. 내가 하는 일도 똑같아. 금융상품의 한 부분까지는 보이지만 그 너머는 잘 몰라. 하지만 금융상품을 통해 자금을 조달해서 도움을 받고 있는 회사는 분명 존재하고 그 회사는 손님에게 도움이 되고 있어. 그건 틀림없는 사실이야. 어쩌면 이 밀크레이프를 만드는 데 협력하고 있을지도 모르지."

나나미가 창밖을 내다본다. 그녀의 시선 너머에는 셀 수 없을 정도로 많은 빌딩과 맨션이 늘어서 있었다.

"돈을 위해 일하고 있다고 생각했을 땐 내 편이 없는 세계에서 혼자 살아가는 것 같은 기분이 들었는데 누군가를 위해 일하고 있다고 생각하니 세계가 확장돼 보여."

"보스는 분명 그 말을 하고 싶었던 거겠죠."

두 사람은 잠시 동안 밖을 바라봤다. 마침 솔개가 바람을 타고 하늘에 원을 그렸다.

"뭔가 희한하네요."

유토는 마음이 차분해졌다.

"돈이란 건 왠지 더럽다고 생각했었는데 사람을 연결한다니. 처음 보스를 만났을 때 기억하세요? 눈앞에 지폐 뭉치가 쌓여 있었잖아요. 그때는 정말 위험한 사람이라고 생각했어요."

"맞아, 맞아. 돈을 산더미처럼 쌓아 놨었지. 그런 사람이 사회와 미래에 대해 이야기하고 마지막에는 사랑이 중요하다고 말하다니 정말 놀라워."

두 사람은 얼굴을 마주 보고 웃었다.

"하지만 보스 입장에서는 똑같은 얘기였겠지. 돈 이야기를 할 때도 그 이면에 있는 사람들의 노동에도 관심을 보이고 말야. 그건 이해가 가는데 사람을 사랑하라는 건……."

어두운 표정을 짓는 나나미의 마음을 유토는 읽을 수 없었다.

"어? 아주 좋은 얘기라고 생각하면서 듣고 있었는데요."

"아니야."

나나미가 황급히 손을 저었다.

"보스가 하려는 말은 너무 잘 알지. 하지만 늘 어머니랑 둘이 살아와서…… 잃을 걸 생각하면 아직 누군가에게 마음을 맡기기가 무서워."

보스라면 센스 있는 말을 해 주었을 것이다. 하지만 유토는 "그렇군요"라고 맞장구를 치는 게 고작이었다.

"그나저나"라고 말하며 무언가 떠오른 듯 나나미는 가방 안을 바스락바스락 하고 뒤적였다.

가방에서 꺼낸 것은 검은색 만년필이었다.

"어떻게 해야 할지 몰라서 일단 가져왔어."

"그거도 보스한테 부탁받았는데, 안 돌려줘도 되니까 그냥 쓰라고 말씀하셨어요."

"그래? 아주 좋은 만년필인 것 같은데. 말씀하셨으면 보내드렸을 텐데."

"갑자기 이주하게 돼서 어쩔 수 없었겠죠. 저도 갑자기 불려 나가서 이 편지를 받았어요."

"자유로운 사람이네. 숙제를 냈으니 우리를 한 번 정도 더 만나고 갔으면 좋았을 텐데. 스위스에서 요양을 하고 싶다니. 돈 많은 사람은 제멋대로 살 수 있어서 참 좋겠다."

나나미는 거의 질린 표정을 지었다.

그 맞은편에서 유토는 또 한번 울컥하는 감정을 누르고 있었다.

이렇게 보스의 강의가 모두 끝났다.

제 6 장

요약 정리

□ 일을 한다는 것은 돈을 버는 것이 아니라 누군가에게 도움을 주는 것이다.

□ 돈 때문에 사회는 확장되었지만 '우리'라고 느낄 수 있는 범위는 좁아졌다.

□ 목적을 공유하면 '우리'의 범위는 넓어진다.

□ '우리'의 범위를 넓히는 가장 좋은 방법은 미래를 공유하는 것이다.

□ 그리고 사람을 사랑하는 것이다.

6년 후에 전달된 사랑

오랜만이네. 한 가지 부탁이 있어.

오랜만이에요. 잘 지내셨나요?

한 젊은이에게 돈은 무력하다는 걸 알려 주고 싶어.

돈은 무력, 하다고요?

어쨌든 그 젊은 친구를 만나게 해 주지 않겠나?

알겠습니다. 그런데 그 젊은 친구라는 게…….

토요일 오후 유토는 컴퓨터 앞에 앉아 있었다. 그래 봤자 화면에 초점은 맞춰져 있지 않았고 그저 시간이 흘러가길 기다리고 있었다.

교실 정도 되는 넓이의 사무실은 창문이 하나만 열려 있었고 푸른 잎 사이를 빠져나간 편안한 바람이 불고 있었다. 가끔씩 아이들이 까불며 떠드는 목소리도 들려온다. 밖에 펼쳐지는 녹지는 고향 사람들의 쉼터가 되어 있었다.

사무실 벽에 걸린 게시판에는 이벤트 일정 외에 직원들의 프로필도 붙어 있었다. 그것을 살펴보던 빨간 머리의 젊은 여자가 새된 목소리로 말했다.

"어? 사쿠마 씨, 현립대 경제학부셨군요! 저도예요. 어느 연구실 소속이에요?"

멍하니 있던 유토는 한 박자 늦게 대답했다.

"아아, 미야다이라 교수님 밑에 있어요."

"좀 가르쳐 주세요. 지원서를 내야 하거든요."

그녀는 유토 옆에 앉아 의자를 가까이 끌고 갔다.

"미야다이라 교수님 연구실은 어때요? 취업이 잘 되나요?"

"아니요. 심지어 학점 따기도 힘들어요."

그 말에 그녀는 누가 봐도 실망한 표정을 지었다.

"효율이 너무 떨어지는 거 아닌가요? 왜 그런 데를 선택한 건가요?"

"순수하게 지역 경제에 흥미가 있어서요."

"사쿠마 씨는 정말 대단하네요. 저번 환영회 때 누군가한테 들었어요. 사쿠마 씨는 고등학생 때 운영 멤버로 들어가셨다고요."

"뭐, 집이 가깝기도 해서요."

유토와 친구들이 운영 중인 쉐어 하우스는 시에서도 힘을 보탤 만큼 규모가 크다. 다른 지역에서 온 학생이나 사회인이 이 지역 사람들과 교류하면서 생활할 수 있게 돕는 것이 당초의 목적이었다. 다양한 연령대를 위한 이벤트가 열려서 지금은 지역 사람들 사이의 교류를 심화하는 데도 한몫하고 있다.

"여기는 원래 부자가 사는 저택이었죠?"

"맞아요. 그런데 옛날엔 높은 담장으로 둘러싸여 있어서 안을 볼 수 없었어요."

지금은 그 담장을 없애서 일반인에게도 개방되었다. 바깥뿐만 아니라 안쪽도 리모델링해서 꽤 많이 달라졌다. 그대로 남아 있는 건 안쪽의 미팅 룸 정도였다.

이 쉐어 하우스의 프로젝트는 유토의 아이디어가 원점이 되었다. 보스가 떠나고 3년 후 연구소가 이전하면서 저택이 기부되는 경위가 있었다. 어떤 의미에서는 유토가 저택을 이어받았다고도 할 수 있을 것이다.

그 아이디어에 찬성하고 구체적으로 형상화한 것은 도

모토였다. 도모토는 '그거 재밌겠네요'라고 말하더니 동료를 찾아서 프로젝트 멤버를 늘려 나갔다. 그의 행동 기준은 아주 간단했다. 즐거운가 그렇지 않은가 그뿐이다. 아프리카를 지원하는 이유도 자선 활동을 하기 위해서가 아니라 그저 즐거워서라고 한다.

지금은 도모토도 이 쉐어 하우스에 살고 있고 다양한 이벤트를 기획하고 있다. 그가 지원하는 아프리카 대학생들이 일주일간 머물기도 했다.

유토의 컴퓨터에 표시되어 있는 시각을 보고 빨간 머리의 신입생이 갑자기 소리쳤다.

"큰일 났다, 벌써 시간이! 저 저녁 이벤트를 준비해야 하거든요."

"오늘 무슨 이벤트가 있었던가?"

"후쿠다 서점 아줌마요. 감동적인 그림책을 소개하는 이벤트예요. 이거 사쿠마 씨가 기획한 거 아닌가요?"

"아, 맞아요."

한 박자 늦게 대답하는 유토를 그녀가 걱정스러운 표정으로 쳐다봤다.

"아침부터 좀 이상해요. 너무 멍하니 있는 거 아니에요? 쉬는 게 좋겠어요."

자리에서 일어난 그녀는 양팔을 올려 살짝 기지개를 켠 다음 방을 나갔다.

교대하듯이 중년 남성이 들어와서 가볍게 손을 들었다.

"유토 군. 도쿄에서 손님이 와서 미팅 룸에 안내해 드렸어."

전류가 흐른 것처럼 유토의 몸이 움찔 반응했다.

"바로 갈게요."

유토는 대답을 하자마자 일어섰다. 천장을 올려다보고 천천히 숨을 뱉는다. 아침부터 불안했던 건 이때를 기다렸기 때문이다.

아침부터가 아니다. 사실 6년 전부터 기다려 온 순간이다.

유토는 자신의 가방에서 두 통의 봉투를 꺼냈다. 하늘색과 파란색 봉투다. 하늘색에는 '유토 군과 나나미 씨에게'라고 적혀 있었고 이미 봉투가 열려 있었다. 그것은 6년 전 유토와 나나미가 함께 읽은 편지였다. 나머지 파란 봉투는 아직 열어 보지 않았다.

그 봉투에는 '나나미 씨에게'라고만 적혀 있었다. 드디어 그때 했던 보스와의 약속을 지킬 수 있겠다고 유토는 생각했다.

6년 전, 유토가 아직 중학생이었던 그날 병원에서 보스는 거짓말을 했다.

매점에서 칫솔을 산 유토는 병실에 돌아와서 깜짝 놀랐다. 보스가 수많은 관에 연결된 모습으로 침대에 누워 있었던 것이다.

  "괜찮으세요?"

  황급히 달려가자 보스는 팔꿈치를 받쳐 상반신을 일으켰다. 그것만으로도 숨을 헐떡였다.

  "별 거 아니야. 이야기를 하고 조금 지쳤을 뿐이야. 그보다 부탁을 하나 들어 주지 않겠나?"

  말을 하는 것만으로도 지치다니 상태가 꽤 심각해 보였지만 유토는 평정을 유지했다.

  "그건 이미 사 왔어요."

  그렇게 말하고 유토는 칫솔을 건네려고 했다.

  "아니, 아니. 이게 아냐. 자네와 둘만 있고 싶어서 거짓말을 한 거야. 진짜 부탁은 이거야."

  보스는 하늘색과 파란색, 두 통의 편지 봉투를 내밀었다.

  "이게 뭐예요?"

  주저하면서 유토는 봉투를 받았다.

  "내 건강을 생각하면 우리가 또 만나는 건 조금 힘들지도 몰라. 만약 내가 죽으면 하늘색 편지를 둘이 읽어 봐."

  "이상한 농담 하지 마세요. 단순한 검사 입원이죠?"

아마 그렇지 않을 것이다. 하지만 희망을 담는 의미에서 그렇게 말하고 의심의 눈초리로 보스를 바라보았다.

"진실을 얘기할게. 이번 주는 컨디션이 좋아서 만날 수 있었지만 남은 시간이 그리 길지 않아. 이건 반 년 전부터 알고 있었어."

보스는 체념한 듯 어깨의 힘을 빼고 쓴웃음을 지었다. 그리고 반 년 동안 있었던 일을 이야기하기 시작했다.

"인생의 마지막을 의식했더니 가족을 만나고 싶어졌어. 지금은 홀몸이지만 내겐 헤어진 아내와 딸이 있어. 아내가 출산하자마자 집을 나가서 딸은 내 존재를 몰라. 아내를 만나려고 했더니 얼마 전 세상을 떠났다는 걸 알게 됐지. 그래서 딸을 찾았어."

"아니, 그럼 그게 설마……."

입을 벌리고 놀라는 유토를 보며 보스는 천천히 고개를 끄덕였다.

"나나미라는 이름은 내가 지어 준 거야. 세계적으로 활약하길 바라는 의미를 담아서."

"그렇다면 바로 알려야겠어요."

스마트폰에 손을 가져가는 유토의 소매를 보스의 왼손이 붙잡는다.

"안 돼, 안 돼. 아직 알리고 싶지 않아."

"어째서인가요!"

유토는 강하게 대들었다.

"양육비만 냈을 뿐 난 아빠 노릇을 제대로 못 했어. 게다가 벌써 죽어 버리게 생겼지. 어머니를 잃은 지 얼마 되지 않은 그녀를 더 큰 슬픔으로 내몰 뿐이야. 그래서 아버지라는 걸 숨기고 만난 거야."

"그럼 나나미 씨의 상사가 추천했다는 건……?"

보스는 고개를 저었다.

"사실 그 상사와는 일면식도 없어. 나나미의 회사 사장에게 부탁해서 소개를 받았지. 하지만 그저 만나고 싶기만 했던 건 아냐. 아버지로서 마지막으로 뭘 할 수 있을까 생각했지. 절망에 빠진 그녀에게 해 줄 수 있는 건 세계를 보는 관점을 바꾸는 힌트를 제시하는 거라고 생각했어."

무슨 말을 해야 할지 몰랐다. 보스의 말을 받아들이는 것만으로도 유토는 힘에 부쳤다.

"하지만 늦었어. 다시 만나는 건 어렵겠지. 내가 죽으면 우리 부소장이 유토 군한테만 연락을 할 거야. 그때 마지막 강의 대신 하늘색 편지를 둘이서 읽어 주지 않겠나? 그리고 나는 스위스에서 치료를 받고 있다고 해 줘. 꼭 아버지가 아니더라도 가까운 사람이 연이어 세상을 떠나면 힘들 수밖에 없지. 염치없지만 나나미에게는 당분간 숨겨 주지 않겠나?"

유토는 목소리를 간신히 짜내서 물었다.

"당분간……이요?"

"그래. 나나미에게 사랑하는 사람이 생길 때까지. 그때까지는 내가 살아 있는 걸로 해 줬으면 하네. 그리고 때가 되면 파란 봉투를 나나미에게 전해 줬으면 해. 편지에는 아버지로서의 내 마음이 담겨 있어. 제멋대로지만 언젠가는 내가 아버지였다는 걸 알리고 싶은 게 솔직한 심정이야."

"그렇군요."

도저히 참을 수 없을 것 같아 유토는 눈을 피했다. 침대 옆에 있는 모니터에는 규칙적인 파형이 표시되고 있었다. 그 움직임을 눈으로 쫓으면서 마음을 가라앉혔다.

"사실은 어떤 사정이 있으신 건가 싶었어요. 조금 전 병실 문을 열었을 때도 마음 한 구석에서는 각오를 하고 있었어요."

"뭐야, 들킨 건가."

보스는 아이처럼 웃었다.

"확실하진 않지만 몇 가지가 마음에 걸렸어요. 언젠가부터 늘 이유를 붙여서는 과자를 드시지 않았고, 홍차에 술도 타지 않으셨죠. 무엇보다 미심쩍은 건 가족 얘기예요. 가족을 예로 들어 설명할 때면 늘 이야기의 방향을 저한테 돌리셨어요. 하지만 나나미 씨한테는 가족에 대해 묻지 않았고 유일하게 유품인 시계에 대해서만 물으셨어요."

보스는 저 멀리 한 점을 바라보며 그리운 듯한 표정을 지었다.

"그건 약혼할 때 내가 아내한테 준 거야. 그걸 나나미 손목에서 발견했을 땐 정말 기뻤어. 아내가 날 용서해 줬다고 생각했지. 그 손목시계에 대한 보답으로 받은 게 아까 나나미한테 준 만년필이야."

유토는 다시 한번 보스의 눈동자를 바라보았다. 결의는 이미 굳어 있었다.

"약속은 지킬게요. 말하지 않을게요. 반드시 이 편지도 전달할게요."

편지를 손에 든 유토의 손을 주름진 따스한 양손이 감싸 쥐었다.

"그렇구만, 그래. 전해 주는 건가. 역시 그때 쏟아진 비는 날 위해 누군가가 내려 준 게 틀림없어."

딸과 재회하는 날에 억수같은 비가 쏟아지다니 보스는 정말이지 소박을 맞았다고 생각했다고 한다. 하지만 그 비가 유토를 저택에 데려와서 운명을 느꼈다고 한다. 그리고 자신과 딸의 중간 역할을 해 줄 것이라고 직감했다고 한다.

"자네를 만나고 정말 놀랐어. 어디서 본 적 있는 얼굴이라고 생각했는데 사쿠마라는 이름을 듣고 확신했지. 나는 어렸을 때 자네 집에 신세를 졌어. 그때는 사쿠마 식당이라는 이름이었지. 그곳에서 TV도 봤고 배가 고플 땐 오니기리나 크로켓도 대접받았어. 덕분에 어렸을 적에 격차가 좁혀진 거야. 보답을 하려고 5년 전쯤 지금의 돈까스 가게에 간 적이 있어. 그때 자네를 봤지."

'역시 그랬군' 하고 유토는 생각했다.

"저희 가게에 있는 TV, 보스가 기부하신 거죠? 아까 보스의 성씨를 알고 나서 궁금했어요. 가게 TV에 붙어 있는 판에 '진구지 기증'이라고 적혀 있었던 게 생각났거든요."

"숨길 생각은 없었는데 말야. 쓸데없는 얘길 해서 나나미한테 내 정체를 들키면 안 되니까 가능한 한 내 얘기는 피한 거야. 나는 어렸을 때 이 거리에서 상부상조를 배웠어. 격차를 좁혀 준 사쿠마 식당에게 특히 많은 걸 배웠지. 그걸 자네한테도 전하고 싶었어. 아니, 자네에게도 전할 수 있도록 운명이 움직였다고 생각하네. 그래서 저번에 격차에 대한 이야기를 한 거야. 셋이서 보낸 시간은 정말 즐거웠어. 유토 군의 호기심 가득한 눈빛과 가족을 생각하는 다정한 마음을 접하고 미래는 밝다고 생각했어. 이제 나는 안심하고 쉴 수 있을 것 같아."

보스는 관이 연결된 왼손으로 유토의 머리를 마구 쓰다듬더니 "자네와 만날 수 있어서 정말 좋았어" 하고 웃으면서 말했다.

유토는 눈물이 흐르지 않도록 눈을 크게 뜨고 꾹 참았다.

이것이 보스와 마지막으로 나눈 대화다. 그 이후 보스는 스위스에서 지내고 있다고 생각하기로 했다.

편지를 맡은 유토는 대학교 3학년생이 되어 있었다.

나나미에게 결혼 소식을 들은 것은 한 달 전의 일이다. 혼인 신고는 작년에 했고 올 가을에는 가족이 한 명 더 늘어난다고 했다. '사랑하는 사람이 생길 때까지'라는 보스의 조건이 애매해서 곤란했었는데 드디어 때가 온 것 같았다.

오랜만에 전화 통화를 하는데 그녀가 먼저 연구소가 어떻게 변했을지 보고 싶다고 말했다.

그리고 드디어 오늘 재회의 날이 찾아왔다.

미팅 룸의 문을 열자 나나미가 늘 앉던 의자에 앉아 있었다. 보스의 이야기를 들을 때 늘 그녀가 앉아 있던 의자다.

"다른 건 다 변했는데 이 방만큼은 옛날 그대로네."

나나미가 그리운 듯 이야기한다.

그녀의 왼손에 빛나는 반지를 보고 유토의 얼굴에서 자연스럽게 웃음이 새어 나왔다.

"늦었지만 나나미 씨 결혼 축하드려요."

그 말을 하자마자 유토의 눈에 눈물이 맺혔다. 어깨의 짐을 내려놓은 것만 같았다.

"잠깐, 잠깐. 왜 우는 거야. 새 신부의 아버지도 아니면서."

나나미가 곤란한 표정을 지으며 웃는다.

"아, 안 울어요."

멋쩍은 미소를 짓고 유토는 필사적으로 감정을 숨겼다. '새 신부의 아버지'라는 말이 무겁게 내리눌렸다. "아버지는 제가 아니에요"라고 소리치고 싶었다. 하지만 유토가 꼭 해야 할 말은 그게 아니다. 어쨌든 보스에게 받은 편지를 나나미가 읽었으면 했다.

그러나 마음이 복잡했다. 또 하나의 진실을 전하는 것

이기 때문이다. 보스가 스위스에 없다는 진실을.

마음을 가라앉히고 호흡을 가다듬었다. 그리고 나나미의 눈을 보고 파란 봉투를 건넸다.

"보스가 전해 달래요."

그렇게 말할 생각이었지만 목소리가 갈라져서 말이 거의 나오지 않았다.

나나미는 무언가를 알아챈 표정으로 말없이 봉투를 받았다. 그녀의 갈색 눈동자가 봉투에 적힌 '나나미 씨에게'라는 문자를 가만히 바라본다. 유토와 보스의 마음을 소중하게 받아들이기 위한 준비를 하는 것처럼 보였다.

심호흡을 한 나나미가 각오를 한 듯 봉투를 열어서 편지를 읽기 시작한다.

방 안의 시간은 조용히 흘러가고 있었다. 편지 내용도 나나미의 반응도 궁금했지만 무서워서 볼 수 없었다. 가끔씩 편지지를 넘기는 소리만 들려왔다.

옛날에는 이 방에 호쾌한 웃음소리가 종종 퍼졌다. 방의 주인은 늘 다정했고 웃는 얼굴로 두 사람에게 말했다. 그리고 언제나 주의 깊게 이야기를 들어주었다. 어머니를 잃은 나나미의 상실감도, 부자들에 대한 유토의 분노도, 마지막까지 모든 것을 받아주었다.

밀어닥치는 감정의 파도에 유토는 쓸려갈 듯했다. 그에 저항하듯이 보스의 오만한 태도를 떠올리기로 했다. 자신에게 만년필을 거칠게 들이대거나 지폐 뭉치를 던지듯 건넨 적도 있다.

처음 만났을 때에는 이런 거만한 말도 했다.

"자네들 같은 애들은 사회도 사랑도 모를 거야."

하지만 머릿속에서 그 대사를 재생하고 유토는 깜짝 놀랐다.

보스에게 '애들'이라는 단어에는 특별한 의미가 있었다. 나나미와 얼굴을 마주하고 있지만 아이라고 부를 수 없는 답답함이 담겨 있었던 것이다. 결코 오만함에서 비롯된 말은 아니었다.

진짜 딸인 나나미에게 사회와 사랑에 대해 가르쳐 주고 싶었던 것이다.

그 사랑이 담긴 편지를 6년이 지난 지금 나나미가 읽고 있다.

나나미는 편지를 몇 번이고 다시 읽고 드디어 테이블 위에 내려놓았다. 그리고 보스가 애용하던 눈앞에 있는 의자를 향해 중얼거렸다.

"내 행복을 생각하셨던 거구나."

유토는 그 말을 듣고 드디어 자신의 역할을 성실해 해 냈다고 생각했다. 편지를 맡은 뒤로 계속 불안했다. 편지를 언제 줄 수 있을지, 편지를 줄 기회가 찾아오기는 할지 걱정했던 것이다. 보스도 자신의 마음이 전달될 수 있을지 불안했을 것이다.

가능하다면 그날의 병실로 돌아가 보스에게 보고하고 싶었다. 그럼 "유토 군, 고맙네" 하며 만면의 미소를 지으며 유토의 머리를 마구 쓰다듬었을 것이다.

하지만 그 소망은 이제 이루어질 수 없다.

"일찍 알려 줬으면 좋았을 텐데."

나나미가 중얼거리는 것을 듣고 유토는 황급히 해명했다.

"아니에요. 보스한테 부탁받은 거예요. 나나미 씨가 슬퍼하지 않게 비밀로 해 달라고 하셨어요."

"괜찮아. 알아. 나한테 사랑하는 사람이 생기면 이 편지를 주라고 하신 거지? 이 편지에 적혀 있었어. 추궁하는 게 아냐. 솔직히 말해서 나 알고 있었어."

나나미의 목소리는 차분했다.

"내가 갖고 있던 보스의 만년필에서 'R to S'라는 각인을 발견했어. 어머니 손목시계에도 완전히 똑같은 글자가 새겨져 있지. 서로한테 선물했겠구나 생각했지.”

“그럼 보스한테 연락하셨어요?”

“보통은 하겠지. 메시지를 보낼까 여러 번 생각했었어. 하지만 결국 못 보냈어. 양심의 가책을 느낀 거지.”

“그게 무슨 말이에요?”

“어머니가 돌아가시고 나서 바로 아버지한테 의지하면 왠지 어머니를 배신하는 것 같잖아. 나를 키워 준 건 어머니이고 어머니한테는 나밖에 없었으니까.”

“그렇군요…….”

“하지만 최근에 아버지를 만나 보고 싶다는 생각이 들었어.”

그렇게 말하더니 나나미는 자신의 배를 바라보며 부드럽게 쓰다듬었다.

“내가 부모가 된다고 생각하니 만나 보고 싶었어. 하지만 다른 불안감도 들어서 망설였어. 이상한 예감이 들었거든. 그랬는데…….”

그녀는 테이블 위에 놓여 있던 흰 편지지를 바라보았다.

“이제…… 어디에도 없네.”

보스는 어디에도 없다.

현실이라는 커다란 파도가 유토의 가슴에 밀려 왔다.

그리고 보스가 스위스에 있다는 환상을 완전히 흘려보냈다. 유토 자신도 그 환상에 매달렸는지도 모른다. 나나미에게 모든 것을 말한 지금 그 환상을 믿어 줄 사람은 사라졌다.

보스는 어디에도 없는 것이다. 유토는 깜짝 놀라 정신이 아찔했다.

아주 조용한 방에 시계의 초침 소리만이 공허하게 들려온다.

문득 자신을 바라보는 나나미의 냉정함이 마음에 걸렸다.

"슬프지 않으세요?"

유토는 자신도 모르게 물었다. 눈물 한 방울 보이지 않는 그녀의 반응에 위화감을 느꼈다. 보스의 죽음을 조금은 슬퍼해 주길 바랐다. 그렇지 않으면 보스가 체면이 서지 않는다.

그런데 그녀는 슬퍼하기는커녕 웃기 시작했다.

"슬퍼할 순 없잖아."

멀뚱거리는 유토에게 그녀는 계속해서 말했다.

"내가 슬퍼하지 않게 거짓말을 해 준 거잖아. 6년씩이나 시간을 벌어 준 셈이지. 내가 사랑을 받아들일 수 있게 말야."

그리고 그녀는 천천히 말했다.

"유토 군, 고마워."

더는 참을 수 없었다. 마음 구석구석에 쌓여 있던 감정
이 단번에 흘러나왔다.

보스의 웃음소리를 들을 수도, 장난스러운 웃는 얼굴을
볼 수도 없다. 아버지로서 그가 나나미를 만날 수도 없다.

하지만 구원받은 듯한 기분이 들었다. 보스에게 듣고
싶었던 말을 나나미에게 들었기 때문이다. 보스의 마음
이 나나미에게 확실하게 닿았다고 느꼈다.

손으로 눈물을 훔치는 유토에게 나나미가 말한다.

"내 생각에 말야, 사랑은 늘 시차를 두고 닿는 것 같아."

"시차……요?"

"그 사람…… 아버지랑 나는 생이별을 했으니까 사랑
을 받는 게 늦어진 게 아닌가 싶어. 나도 말야, 지금 배 속
의 아이를 아주 많이 사랑하는데 이 아이는 절대 모를 거
라고 생각해. 사랑에는 분명 시차가 있는 것 같아. 내가
아버지한테도 어머니한테도 사랑받고 있다고 생각하니
까 이 아이를 듬뿍 사랑해 줄 수 있을 것 같아. 시차가 있

어서 비로소 미래로 이어지는 게 아닐까?"

보스의 말이 떠오른다.

과거에서 현재로, 현재에서 미래로 이뤄지는 증여가 사회를 만들고 있다.

사랑하는 사람을 지키려고 하면 사회가 남 일이 아니게 된다.

유토가 고개를 들자 보스의 의자와 그가 남긴 책장이 눈에 들어왔다. 처음 만났을 때 보스는 산처럼 쌓은 1억 엔어치 지폐 더미를 툭 치며 말했다.

"돈에 가치는 없어. 더 중요한 게 있지."

보스가 살아 있던 과거로 돌아갈 순 없다. 하지만 우리 앞에는 미래가 있다.

시계의 초침 소리가 다시 한번 들려온다.

책장에는 얼빠진 표정의 낙타 시계가 듬직하게 시간을 새기고 있었다.

참고 문헌

- 미야다이 신지, 『열네 살부터 배우는 사회학: 앞으로의 사회를 살아갈 당신에게』, 지쿠마문고, 2013
- 지카우치 유타, 『세계는 증여로 이루어져 있다: 자본주의의 '빈틈'을 메우는 윤리학』, News Picks 퍼블리싱, 2020
- 사도시마 요헤이, 『WE ARE LONELY, BUT NOT ALONE: 현대의 고독과 지속 가능한 경제권으로서의 커뮤니티』, 겐토샤, 2018
- 다나카 타카유키, 『열세 살부터 배우는 지정학: 해적과 함께 하는 지구본 항해』, 동양경제신문사, 2022
- 다카이 히로아키, 『돈의 교실: 우리가 이상한 클럽에서 배운 비밀』, 임프레스, 2018
- 다우치 마나부, 『돈의 너머에 사람이 있다: 전 골드만삭스 금리 트레이더가 쓴 예비 지식이 필요 없는 새로운 경제 입문서』, 다이아몬드사, 2021

참고 웹사이트

- 〈노후 자금으로 2000만 엔을 모아도 적립 방식으로는 연금 문제를 해결할 수 없다, 후생노동성 연금국 수리과장과 다우치 마나부의 대담〉
https://diamond.jp/articles/-/295185

옮긴이 김슬기

다년간 출판사 편집자로 일했으며 현재는 전문 번역가로 활동 중이다. 옮긴 책으로는 《심리학자가 들려주는 우아하게 나이 드는 법》,《현실적 낙천주의자》,《횡설수설하지 않고 핵심만 말하는 법》,《비자르 플랜츠》 등이 있다.

부자의 마지막 가르침

ⓒ Manabu Tauchi, 2023

초판 1쇄 발행 2024년 5월 22일

지은이　　　 다우치 마나부
옮긴이　　　 김슬기
기획편집　　 정다움
콘텐츠 그룹　정다움 이가람 박서영 이가영 전연교 정다솔 문혜진 기소미
디자인　　　 어나더페이퍼

펴낸이　　　 전승환
펴낸곳　　　 책읽어주는남자
신고번호　　 제2021-000003호
이메일　　　 book_romance@naver.com

ISBN　　　 979-11-93937-06-8 03320

* 북모먼트는 '책읽어주는남자'의 출판브랜드입니다.
* 이 책의 저작권은 저자에게 있습니다.
* 저작권법에 의해 보호를 받는 저작물이므로 저자와 출판사의 허락 없이 무단 전재와 복제를 금합니다.
* 이 책의 일부 또는 전부를 재사용하려면 반드시 저작권자와 출판사 양측의 동의를 받아야 합니다.
* 책값은 뒤표지에 있습니다.